NE 능률

기본 연산
Check-Book

초등2 3호

곱셈구구

1주 2~5 곱셈식

❶	2	4	6	8	10
❷	5	10	15		
❸	3	6	9		
❹	4	8	12		
❺	10	12	14		
❻	25	30	35		
❼	15	18	21		
❽	16	20	24		
❾	6	8	10		
❿	15	20	25		
⓫	9	12	15		
⓬	12	16	20		
⓭			6	8	10
⓮			15	20	25
⓯			9	12	15
⓰			12	16	20

자르는 선

월 일

⑰

2	4			10

⑱

5	10			25

⑲

3	6			15

⑳

4	8			20

㉑

6			12	14

㉒

15			30	35

㉓

9			18	21

㉔

12			24	28

㉕

10			16	18

㉖

25			40	45

㉗

15			24	27

㉘

16			28	32

㉙

4		8		12

㉚

10		20		30

㉛

6		12		18

㉜

8		16		24

자르는 선

2주 2~5의 단 곱셈구구

❶ $3 \times 1 =$ □　❷ $4 \times 2 =$ □　❸ $2 \times 8 =$ □

❹ $4 \times 9 =$ □　❺ $2 \times 5 =$ □　❻ $3 \times 8 =$ □

❼ $5 \times 1 =$ □　❽ $5 \times 2 =$ □　❾ $4 \times 3 =$ □

❿ $3 \times 9 =$ □　⓫ $3 \times 5 =$ □　⓬ $2 \times 2 =$ □

⓭ $5 \times 3 =$ □　⓮ $5 \times 9 =$ □　⓯ $3 \times 4 =$ □

⓰ $2 \times 4 =$ □　⓱ $4 \times 4 =$ □　⓲ $5 \times 6 =$ □

⓳ $\begin{array}{r} 5 \\ \times\ 7 \\ \hline \square \end{array}$　⓴ $\begin{array}{r} 2 \\ \times\ 9 \\ \hline \square \end{array}$　㉑ $\begin{array}{r} 4 \\ \times\ 6 \\ \hline \square \end{array}$　㉒ $\begin{array}{r} 5 \\ \times\ 5 \\ \hline \square \end{array}$

㉓ $\begin{array}{r} 3 \\ \times\ 4 \\ \hline \square \end{array}$　㉔ $\begin{array}{r} 2 \\ \times\ 5 \\ \hline \square \end{array}$　㉕ $\begin{array}{r} 5 \\ \times\ 3 \\ \hline \square \end{array}$　㉖ $\begin{array}{r} 2 \\ \times\ 7 \\ \hline \square \end{array}$

자르는 선

월 일

㉗ $3\times6=\square$ ㉘ $4\times1=\square$ ㉙ $2\times6=\square$

㉚ $5\times5=\square$ ㉛ $2\times1=\square$ ㉜ $4\times6=\square$

㉝ $4\times7=\square$ ㉞ $5\times7=\square$ ㉟ $3\times3=\square$

㊱ $3\times2=\square$ ㊲ $5\times4=\square$ ㊳ $2\times9=\square$

㊴ $2\times7=\square$ ㊵ $4\times5=\square$ ㊶ $5\times8=\square$

㊷ $4\times8=\square$ ㊸ $3\times7=\square$ ㊹ $2\times3=\square$

㊺ $\begin{array}{r} 3 \\ \times\ 8 \\ \hline \square \end{array}$ ㊻ $\begin{array}{r} 4 \\ \times\ 7 \\ \hline \square \end{array}$ ㊼ $\begin{array}{r} 4 \\ \times\ 3 \\ \hline \square \end{array}$ ㊽ $\begin{array}{r} 2 \\ \times\ 8 \\ \hline \square \end{array}$

㊾ $\begin{array}{r} 5 \\ \times\ 9 \\ \hline \square \end{array}$ ㊿ $\begin{array}{r} 4 \\ \times\ 4 \\ \hline \square \end{array}$ (51) $\begin{array}{r} 3 \\ \times\ 6 \\ \hline \square \end{array}$ (52) $\begin{array}{r} 3 \\ \times\ 5 \\ \hline \square \end{array}$

자르는 선

3주 6~9 곱셈식

❶

6	12	18	24	30

❷

7	14	21		

❸

8	16	24		

❹

9	18	27		

❺

30	36	42		

❻

35	42	49		

❼

40	48	56		

❽

45	54	63		

❾

18	24	30		

❿

21	28	35		

⓫

24	32	40		

⓬

27	36	45		

⓭

		18	24	30

⓮

		21	28	35

⓯

		24	32	40

⓰

		27	36	45

자르는 선

월 일

⑰

6	12			30

⑱

8	16			40

⑲

9	18			45

⑳

7	14			35

㉑

35			56	63

㉒

45			72	81

㉓

30			48	54

㉔

40			64	72

㉕

	28	35		49

㉖

	32	40		56

㉗

	36	45		63

㉘

	24	30		42

㉙

6		18		30

㉚

9		27		45

㉛

7		21		35

㉜

8		24		40

자르는 선

4주 6~9의 단 곱셈구구

❶ $7 \times 1 =$ ☐　❷ $6 \times 4 =$ ☐　❸ $8 \times 1 =$ ☐

❹ $8 \times 5 =$ ☐　❺ $9 \times 5 =$ ☐　❻ $7 \times 2 =$ ☐

❼ $6 \times 5 =$ ☐　❽ $7 \times 7 =$ ☐　❾ $8 \times 4 =$ ☐

❿ $9 \times 6 =$ ☐　⓫ $6 \times 3 =$ ☐　⓬ $9 \times 7 =$ ☐

⓭ $9 \times 9 =$ ☐　⓮ $9 \times 4 =$ ☐　⓯ $7 \times 6 =$ ☐

⓰ $7 \times 4 =$ ☐　⓱ $8 \times 6 =$ ☐　⓲ $6 \times 8 =$ ☐

⓳ $\begin{array}{r} 7 \\ \times\ 4 \\ \hline \square \end{array}$　⓴ $\begin{array}{r} 6 \\ \times\ 3 \\ \hline \square \end{array}$　㉑ $\begin{array}{r} 9 \\ \times\ 2 \\ \hline \square \end{array}$　㉒ $\begin{array}{r} 8 \\ \times\ 3 \\ \hline \square \end{array}$

㉓ $\begin{array}{r} 9 \\ \times\ 6 \\ \hline \square \end{array}$　㉔ $\begin{array}{r} 6 \\ \times\ 9 \\ \hline \square \end{array}$　㉕ $\begin{array}{r} 8 \\ \times\ 8 \\ \hline \square \end{array}$　㉖ $\begin{array}{r} 7 \\ \times\ 2 \\ \hline \square \end{array}$

자르는 선

월 일

㉗ $6\times9=$ □

㉘ $8\times8=$ □

㉙ $7\times5=$ □

㉚ $8\times3=$ □

㉛ $9\times1=$ □

㉜ $6\times2=$ □

㉝ $7\times8=$ □

㉞ $6\times1=$ □

㉟ $9\times2=$ □

㊱ $8\times9=$ □

㊲ $7\times3=$ □

㊳ $8\times2=$ □

㊴ $6\times6=$ □

㊵ $9\times8=$ □

㊶ $6\times7=$ □

㊷ $9\times3=$ □

㊸ $7\times9=$ □

㊹ $8\times9=$ □

㊺ $\begin{array}{r} 9 \\ \times\ 8 \\ \hline \square \end{array}$

㊻ $\begin{array}{r} 8 \\ \times\ 7 \\ \hline \square \end{array}$

㊼ $\begin{array}{r} 7 \\ \times\ 7 \\ \hline \square \end{array}$

㊽ $\begin{array}{r} 6 \\ \times\ 5 \\ \hline \square \end{array}$

㊾ $\begin{array}{r} 8 \\ \times\ 2 \\ \hline \square \end{array}$

㊿ $\begin{array}{r} 6 \\ \times\ 6 \\ \hline \square \end{array}$

51 $\begin{array}{r} 7 \\ \times\ 3 \\ \hline \square \end{array}$

52 $\begin{array}{r} 9 \\ \times\ 3 \\ \hline \square \end{array}$

자르는 선

5주 곱셈구구 (1)

❶ $7 \times 2 =$ ☐

❷ $9 \times 5 =$ ☐

❸ $8 \times 9 =$ ☐

❹ $4 \times 9 =$ ☐

❺ $5 \times 9 =$ ☐

❻ $5 \times 2 =$ ☐

❼ $8 \times 2 =$ ☐

❽ $4 \times 5 =$ ☐

❾ $7 \times 3 =$ ☐

❿ $2 \times 5 =$ ☐

⓫ $3 \times 9 =$ ☐

⓬ $9 \times 6 =$ ☐

⓭ $9 \times 4 =$ ☐

⓮ $5 \times 8 =$ ☐

⓯ $7 \times 7 =$ ☐

⓰ $6 \times 6 =$ ☐

⓱ $8 \times 7 =$ ☐

⓲ $4 \times 8 =$ ☐

⓳ $7 \times 6 =$ ☐

⓴ $8 \times 6 =$ ☐

㉑ $5 \times 5 =$ ☐

㉒ $9 \times 7 =$ ☐

㉓ $3 \times 8 =$ ☐

㉔ $2 \times 9 =$ ☐

㉕ $6 \times 7 =$ ☐

㉖ $4 \times 3 =$ ☐

자르는 선

월 일

㉗ $6 \times 5 = \square$

㉘ $7 \times 9 = \square$

㉙ $8 \times 4 = \square$

㉚ $8 \times 3 = \square$

㉛ $5 \times 7 = \square$

㉜ $6 \times 9 = \square$

㉝ $5 \times 3 = \square$

㉞ $9 \times 9 = \square$

㉟ $4 \times 6 = \square$

㊱ $7 \times 8 = \square$

㊲ $4 \times 7 = \square$

㊳ $9 \times 2 = \square$

㊴ $9 \times 8 = \square$

㊵ $8 \times 8 = \square$

㊶ $5 \times 6 = \square$

㊷ $6 \times 4 = \square$

㊸ $7 \times 4 = \square$

㊹ $6 \times 2 = \square$

㊺ $\begin{array}{r} 5 \\ \times\ 4 \\ \hline \square \end{array}$

㊻ $\begin{array}{r} 9 \\ \times\ 3 \\ \hline \square \end{array}$

㊼ $\begin{array}{r} 4 \\ \times\ 2 \\ \hline \square \end{array}$

㊽ $\begin{array}{r} 6 \\ \times\ 8 \\ \hline \square \end{array}$

㊾ $\begin{array}{r} 8 \\ \times\ 5 \\ \hline \square \end{array}$

㊿ $\begin{array}{r} 6 \\ \times\ 3 \\ \hline \square \end{array}$

51 $\begin{array}{r} 7 \\ \times\ 5 \\ \hline \square \end{array}$

52 $\begin{array}{r} 3 \\ \times\ 7 \\ \hline \square \end{array}$

자르는 선

6주 곱셈구구(2)

❶

×	6	7
2	12	14
3	18	21

❷

×	5	8
4		
7		

❸

×	2	4
5		
8		

❹

×	3	9
4		
5		

❺

×	4	7
6		
9		

❻

×	2	8
3		
2		

❼

×	5	6
6		
7		

❽

×	3	8
3		
8		

❾

×	4	9
4		
6		

❿

×	4	8
8		
9		

⓫

×	2	6
2		
5		

⓬

×	3	7
9		
8		

자르는 선

월 일

⑬

×	3	9
4		
8		

⑭

×	7	4
5		
3		

⑮

×	8	2
2		
9		

⑯

×	7	3
5		
6		

⑰

×	6	2
4		
7		

⑱

×	8	4
3		
8		

⑲

×	2	8
3		
7		

⑳

×	3	9
9		
8		

㉑

×	5	7
4		
6		

㉒

×	4	6
9		
2		

㉓

×	5	8
6		
2		

㉔

×	3	9
7		
5		

자르는 선

7주 곱셈 문제 해결 (1)

❶ $6 \times \square = 12$ ❷ $7 \times \square = 28$ ❸ $4 \times \square = 32$

❹ $5 \times \square = 30$ ❺ $8 \times \square = 64$ ❻ $7 \times \square = 49$

❼ $9 \times \square = 18$ ❽ $4 \times \square = 28$ ❾ $9 \times \square = 54$

❿ $4 \times \square = 24$ ⓫ $9 \times \square = 81$ ⓬ $7 \times \square = 21$

⓭ $6 \times \square = 54$ ⓮ $5 \times \square = 35$ ⓯ $5 \times \square = 10$

⓰ $8 \times \square = 32$ ⓱ $7 \times \square = 63$ ⓲ $8 \times \square = 72$

⓳ $\begin{array}{r} 3 \\ \times \ \square \\ \hline 21 \end{array}$ ⓴ $\begin{array}{r} 7 \\ \times \ \square \\ \hline 35 \end{array}$ ㉑ $\begin{array}{r} 6 \\ \times \ \square \\ \hline 18 \end{array}$ ㉒ $\begin{array}{r} 4 \\ \times \ \square \\ \hline 8 \end{array}$

㉓ $\begin{array}{r} 9 \\ \times \ \square \\ \hline 27 \end{array}$ ㉔ $\begin{array}{r} 9 \\ \times \ \square \\ \hline 63 \end{array}$ ㉕ $\begin{array}{r} 3 \\ \times \ \square \\ \hline 24 \end{array}$ ㉖ $\begin{array}{r} 7 \\ \times \ \square \\ \hline 42 \end{array}$

자르는 선

월 일

㉗ $7 \times \square = 14$ ㉘ $6 \times \square = 30$ ㉙ $6 \times \square = 36$

㉚ $9 \times \square = 45$ ㉛ $8 \times \square = 24$ ㉜ $8 \times \square = 56$

㉝ $4 \times \square = 36$ ㉞ $6 \times \square = 24$ ㉟ $9 \times \square = 36$

㊱ $5 \times \square = 45$ ㊲ $9 \times \square = 72$ ㊳ $5 \times \square = 40$

㊴ $8 \times \square = 16$ ㊵ $7 \times \square = 56$ ㊶ $2 \times \square = 10$

㊷ $4 \times \square = 20$ ㊸ $5 \times \square = 15$ ㊹ $3 \times \square = 27$

㊺ $6 \times \square = 48$ ㊻ $8 \times \square = 40$ ㊼ $6 \times \square = 42$ ㊽ $8 \times \square = 48$

㊾ $2 \times \square = 18$ ㊿ $5 \times \square = 25$ 51 $5 \times \square = 20$ 52 $4 \times \square = 12$

자르는 선

8주 곱셈 문제 해결 (2)

❶
2 × 5 = 10
5 × 2 = 10

❷
□ × □ = 63
□ × □ = 63

❸
□ × □ = 40
□ × □ = 40

❹
□ × □ = 72
□ × □ = 72

❺
□ × □ = 9
□ × □ = 9
□ × □ = 9

❻
□ × □ = 16
□ × □ = 16
□ × □ = 16

❼
□ × □ = 18
□ × □ = 18
□ × □ = 18
□ × □ = 18

❽
□ × □ = 24
□ × □ = 24
□ × □ = 24
□ × □ = 24

자르는 선

월 일

⑨
□ × □ = 15
□ × □ = 15

⑩
□ × □ = 42
□ × □ = 42

⑪
□ × □ = 20
□ × □ = 20

⑫
□ × □ = 32
□ × □ = 32

⑬ □ × □ = 25

⑭ □ × □ = 64

⑮
□ × □ = 27
□ × □ = 27

⑯
□ × □ = 35
□ × □ = 35

⑰
□ × □ = 45
□ × □ = 45

⑱
□ × □ = 54
□ × □ = 54

⑲
□ × □ = 28
□ × □ = 28

⑳
□ × □ = 56
□ × □ = 56

자르는 선

정 답

1주 2~5 곱셈식 (1~2쪽)

(1) 8, 10 (2) 20, 25 (3) 12, 15 (4) 16, 20 (5) 16, 18 (6) 40, 45 (7) 24, 27 (8) 28, 32 (9) 12, 14
(10) 30, 35 (11) 18, 21 (12) 24, 28 (13) 2, 4 (14) 5, 10 (15) 3, 6 (16) 4, 8 (17) 6, 8 (18) 15, 20
(19) 9, 12 (20) 12, 16 (21) 8, 10 (22) 20, 25 (23) 12, 15 (24) 16, 20 (25) 12, 14 (26) 30, 35 (27) 18, 21
(28) 20, 24 (29) 6, 10 (30) 15, 25 (31) 9, 15 (32) 12, 20

2주 2~5의 단 곱셈구구 (3~4쪽)

(1) 3 (2) 8 (3) 16 (4) 36 (5) 10 (6) 24 (7) 5 (8) 10 (9) 12 (10) 27 (11) 15 (12) 4
(13) 15 (14) 45 (15) 12 (16) 8 (17) 16 (18) 30 (19) 35 (20) 18 (21) 24 (22) 25 (23) 12 (24) 10
(25) 15 (26) 14 (27) 18 (28) 4 (29) 12 (30) 25 (31) 2 (32) 24 (33) 28 (34) 35 (35) 9 (36) 6
(37) 20 (38) 18 (39) 14 (40) 20 (41) 40 (42) 32 (43) 21 (44) 6 (45) 24 (46) 28 (47) 12 (48) 16
(49) 45 (50) 16 (51) 18 (52) 15

3주 6~9 곱셈식 (5~6쪽)

(1) 24, 30 (2) 28, 35 (3) 32, 40 (4) 36, 45 (5) 48, 54 (6) 56, 63 (7) 64, 72 (8) 72, 81 (9) 36, 42
(10) 42, 49 (11) 48, 56 (12) 54, 63 (13) 6, 12 (14) 7, 14 (15) 8, 16 (16) 9, 18 (17) 18, 24 (18) 24, 32
(19) 27, 36 (20) 21, 28 (21) 42, 49 (22) 54, 63 (23) 36, 42 (24) 48, 56 (25) 21, 42 (26) 24, 48 (27) 27, 54
(28) 18, 36 (29) 12, 24 (30) 18, 36 (31) 14, 28 (32) 16, 32

4주 6~9의 단 곱셈구구 (7~8쪽)

(1) 7 (2) 24 (3) 8 (4) 40 (5) 45 (6) 14 (7) 30 (8) 49 (9) 32 (10) 54 (11) 18 (12) 63
(13) 81 (14) 36 (15) 42 (16) 28 (17) 48 (18) 48 (19) 28 (20) 18 (21) 18 (22) 24 (23) 54 (24) 54
(25) 64 (26) 14 (27) 54 (28) 64 (29) 35 (30) 24 (31) 9 (32) 12 (33) 56 (34) 6 (35) 18 (36) 72
(37) 21 (38) 16 (39) 36 (40) 72 (41) 42 (42) 27 (43) 63 (44) 72 (45) 72 (46) 56 (47) 49 (48) 30
(49) 16 (50) 36 (51) 21 (52) 27

5주 곱셈구구 (1) (9~10쪽)

(1) 14 (2) 45 (3) 72 (4) 36 (5) 45 (6) 10 (7) 16 (8) 20 (9) 21 (10) 10 (11) 27 (12) 54
(13) 36 (14) 40 (15) 49 (16) 36 (17) 56 (18) 32 (19) 42 (20) 48 (21) 25 (22) 63 (23) 24 (24) 18
(25) 42 (26) 12 (27) 30 (28) 63 (29) 32 (30) 24 (31) 35 (32) 54 (33) 15 (34) 81 (35) 24 (36) 56
(37) 28 (38) 18 (39) 72 (40) 64 (41) 30 (42) 24 (43) 28 (44) 12 (45) 20 (46) 27 (47) 8 (48) 48
(49) 40 (50) 18 (51) 35 (52) 21

6주 곱셈구구 (2) (11~12쪽)

(1) 12, 14, 18, 21 (2) 20, 32, 35, 56 (3) 10, 20, 16, 32 (4) 12, 36, 15, 45
(5) 24, 42, 36, 63 (6) 6, 24, 4, 16 (7) 30, 36, 35, 42 (8) 9, 24, 24, 64
(9) 16, 36, 24, 54 (10) 32, 64, 36, 72 (11) 4, 12, 10, 30 (12) 27, 63, 24, 56
(13) 12, 36, 24, 72 (14) 35, 20, 21, 12 (15) 16, 4, 72, 18 (16) 35, 15, 42, 18
(17) 24, 8, 42, 14 (18) 24, 12, 64, 32 (19) 6, 24, 14, 56 (20) 27, 81, 24, 72
(21) 20, 28, 30, 42 (22) 36, 54, 8, 12 (23) 30, 48, 10, 16 (24) 21, 63, 15, 45

7주 곱셈 문제 해결 (1) (13~14쪽)

(1) 2 (2) 4 (3) 8 (4) 6 (5) 8 (6) 7 (7) 2 (8) 7 (9) 6 (10) 6 (11) 9 (12) 3
(13) 9 (14) 7 (15) 2 (16) 4 (17) 9 (18) 9 (19) 7 (20) 5 (21) 3 (22) 2 (23) 3 (24) 7
(25) 8 (26) 6 (27) 2 (28) 5 (29) 6 (30) 5 (31) 3 (32) 7 (33) 9 (34) 4 (35) 4 (36) 9
(37) 8 (38) 8 (39) 2 (40) 8 (41) 5 (42) 5 (43) 3 (44) 9 (45) 8 (46) 5 (47) 7 (48) 6
(49) 9 (50) 5 (51) 4 (52) 3

8주 곱셈 문제 해결 (2) (15~16쪽)

(1) 2×5, 5×2 (2) 7×9, 9×7 (3) 5×8, 8×5 (4) 8×9, 9×8 (5) 1×9, 3×3, 9×1
(6) 2×8, 4×4, 8×2 (7) 2×9, 3×6, 6×3, 9×2 (8) 3×8, 4×6, 6×4, 8×3
(9) 3×5, 5×3 (10) 6×7, 7×6 (11) 4×5, 5×4 (12) 4×8, 8×4 (13) 5×5 (14) 8×8
(15) 3×9, 9×3 (16) 5×7, 7×5 (17) 5×9, 9×5 (18) 6×9, 9×6 (19) 4×7, 7×4 (20) 7×8, 8×7

사고셈

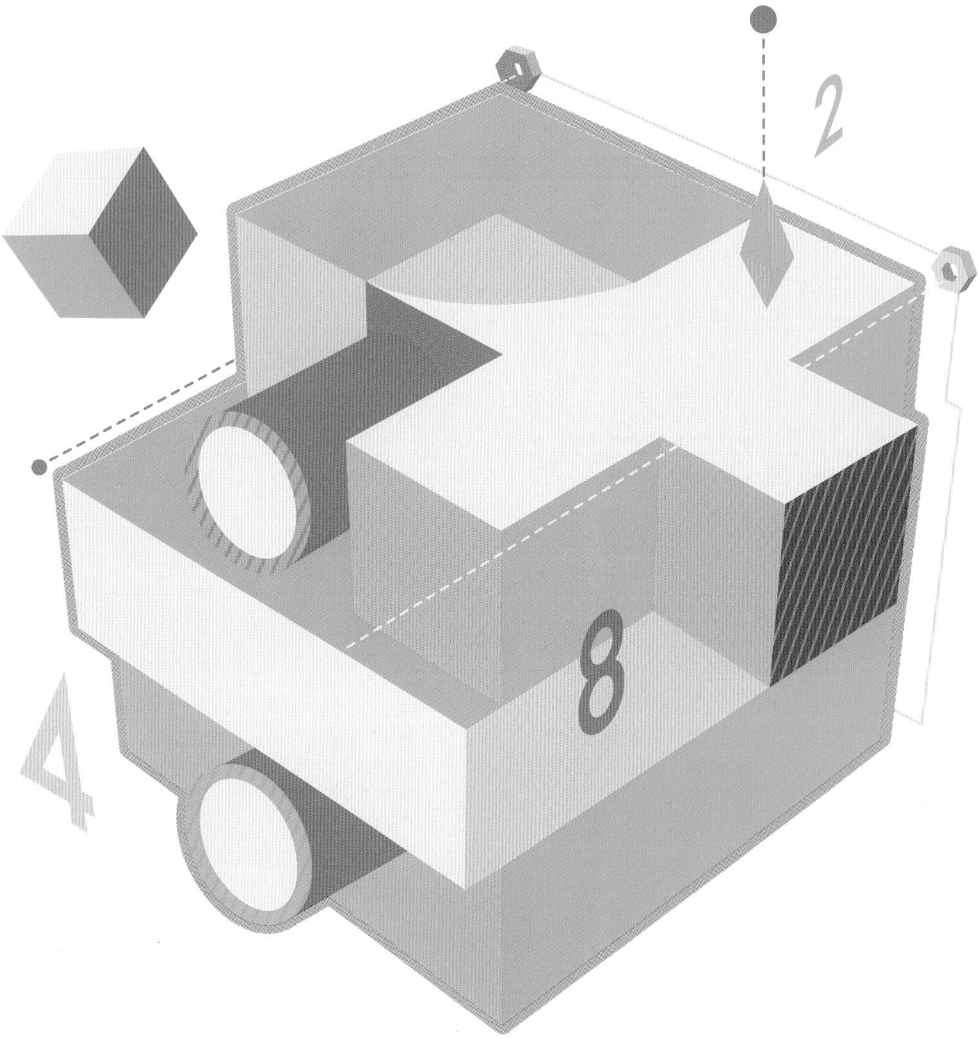

초등2 3호

이 책의 구성과 특징

생각의 힘을 키우는 사고(思考)셈은 1주 4개, 8주 32개의 사고력 유형 학습을 통해 수와 연산에 대한 개념의 응용력(추론 및 문제해결능력)을 키울 수 있도록 하였습니다.

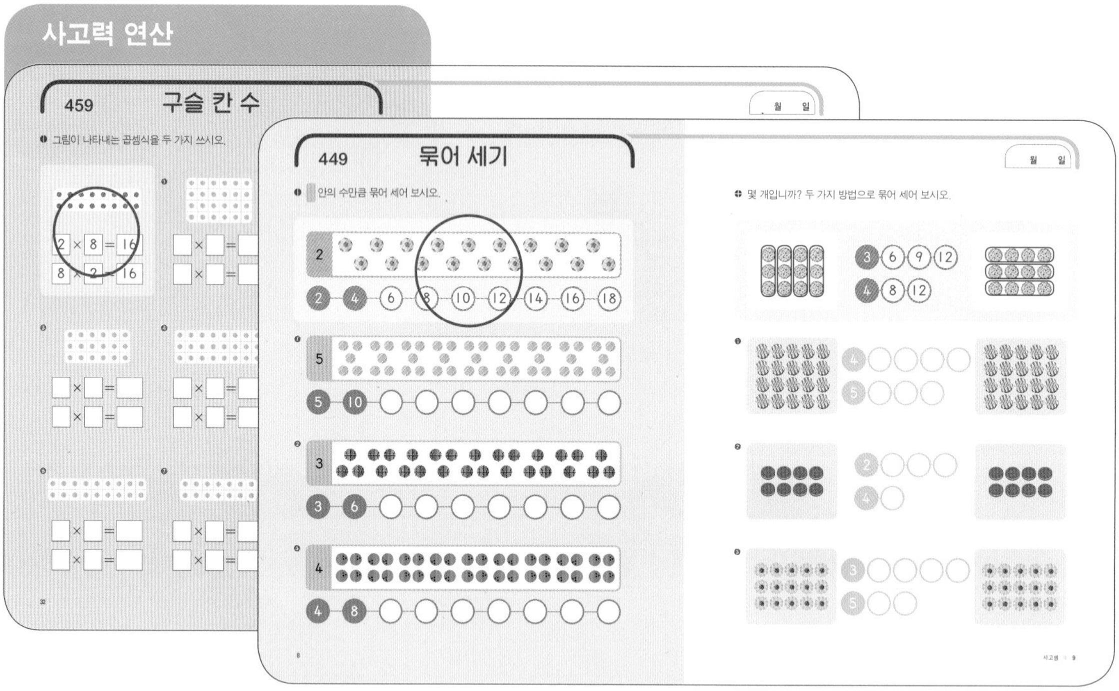

- 대표 사고력 유형으로 연산 원리를 쉽게쉽게
- 1~4일차: 다양한 유형의 주 진도 학습

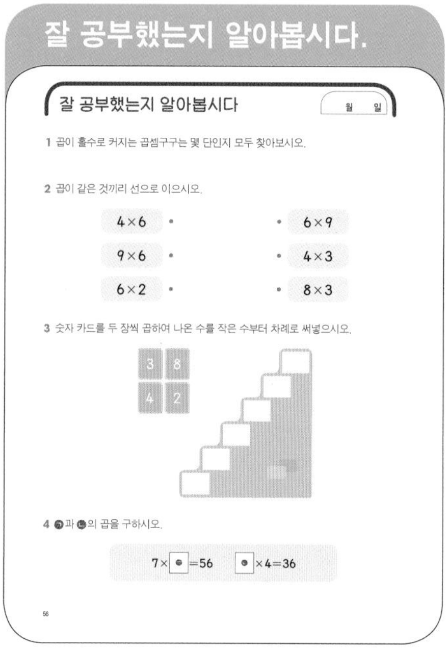

- 5일차 점검 학습: 주 진도 학습 확인

권두부록 (기본연산 Check-Book)

기본연산 Check-Book

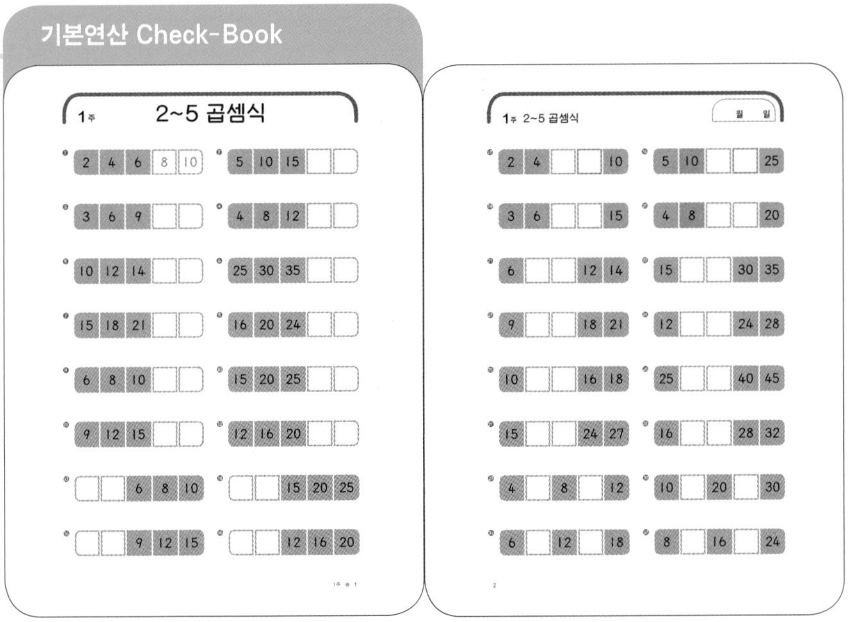

- 본 학습 전 기본연산 실력 진단

권말부록 (G-Book)

Guide Book(정답 및 해설)

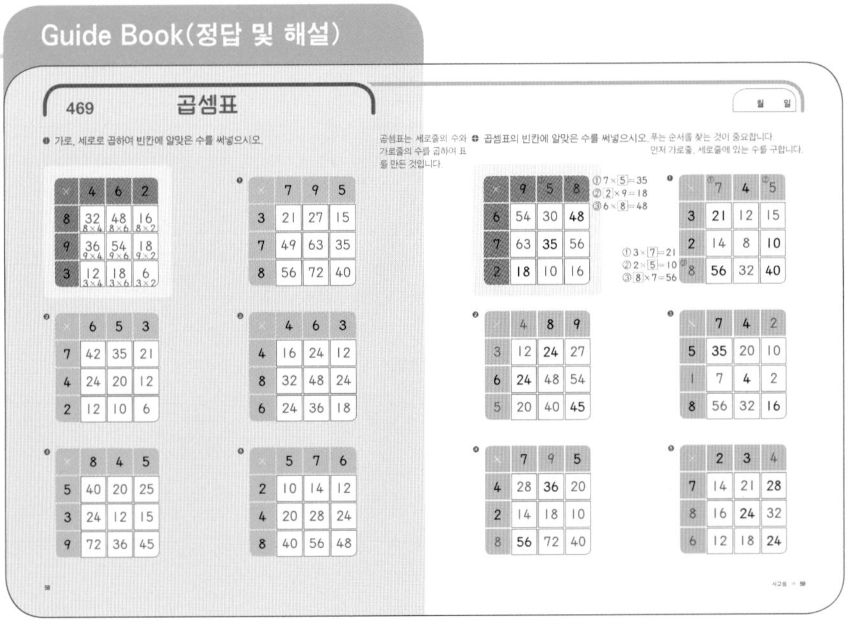

- 문제와 답을 한 눈에!
- 상세한 풀이와 친절한 해설, 답

학습 효과 및 활용법

학습 효과

사고셈

- 수학적 사고력 향상
- 스스로 생각을 만드는 직관 학습
- 연산의 원리 이해
- 다양한 유형으로 수 조작력 향상
- 생각의 다양성 향상
- 추론능력, 문제해결력 향상
- 수·연산 영역 완벽 대비
- 진도 학습 및 점검 학습으로 연산 학습 완성

주차별 활용법

1단계
기본연산 Check-Book으로 준비 학습

→

2단계
사고력 유형으로 진도 학습

→

3단계
마무리 문제로 점검 학습

1단계 : 기본연산 Check-Book으로 사고력 연산을 위한 준비 학습을 합니다.
2단계 : 사고력 유형으로 사고력 연산의 진도 학습을 합니다.
3단계 : 한 주마다 점검 학습(잘 공부했는지 알아봅시다)으로 사고력 향상을 확인합니다.

학습 구성

6세

1호	10까지의 수
2호	더하기 빼기 1과 2
3호	합이 9까지인 덧셈
4호	한 자리 수의 뺄셈과 세 수의 계산

7세

1호	한 자리 수의 덧셈과 뺄셈
2호	10 만들기
3호	50까지의 수
4호	더하기 빼기 1과 2, 10과 20

초등 1

1호	덧셈구구
2호	뺄셈구구와 덧셈, 뺄셈 혼합
3호	100까지의 수, 1000까지의 수
4호	받아올림, 받아내림 없는 두 자리 수의 계산

초등 2

1호	두 자리 수와 한 자리 수의 덧셈과 뺄셈
2호	두 자리 수의 덧셈과 뺄셈
3호	곱셈구구
4호	곱셈과 나눗셈 구구

초등 3

1호	세·네 자리 수의 덧셈과 뺄셈
2호	분수와 소수의 기초
3호	두 자리 수의 곱셈과 나눗셈
4호	분수

초등 4

1호	분수의 덧셈과 뺄셈
2호	혼합 계산
3호	소수의 덧셈과 뺄셈
4호	어림하기

이 책의 학습 로드맵

START
시작

1주
2~5 곱셈식

2주
2~5의 단 곱셈구구

3주
6~9 곱셈식

4주
6~9의 단 곱셈구구

5주
곱셈구구 (1)

6주
곱셈구구 (2)

7주
곱셈 문제 해결 (1)

8주
곱셈 문제 해결 (2)

GOAL
완성

1 2~5 곱셈식

449 묶어 세기

◐ ▯ 안의 수만큼 묶어 세어 보시오.

2

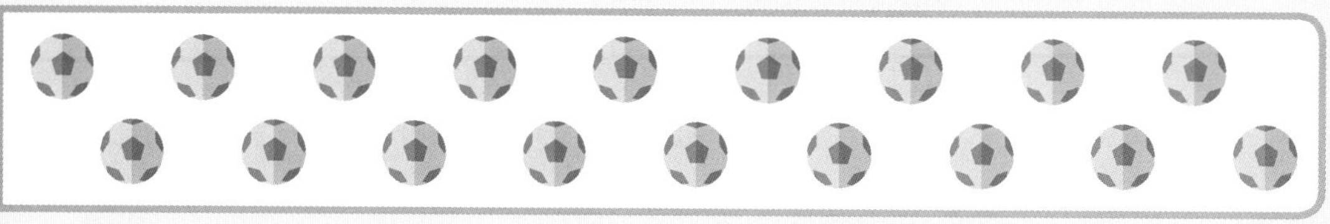

2 — 4 — 6 — 8 — 10 — 12 — 14 — 16 — 18

❶

5

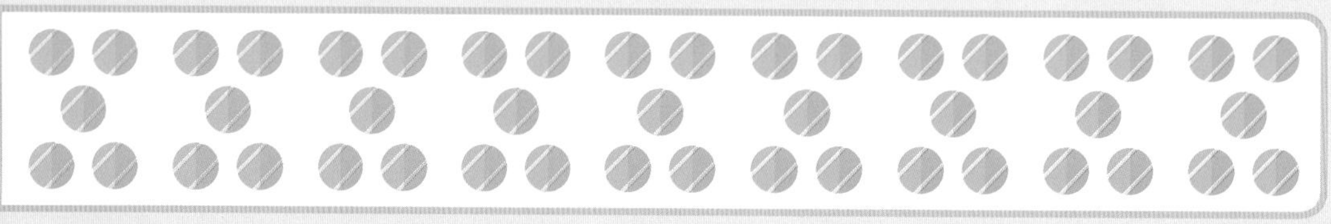

5 — 10 — ◯ — ◯ — ◯ — ◯ — ◯ — ◯ — ◯

❷

3

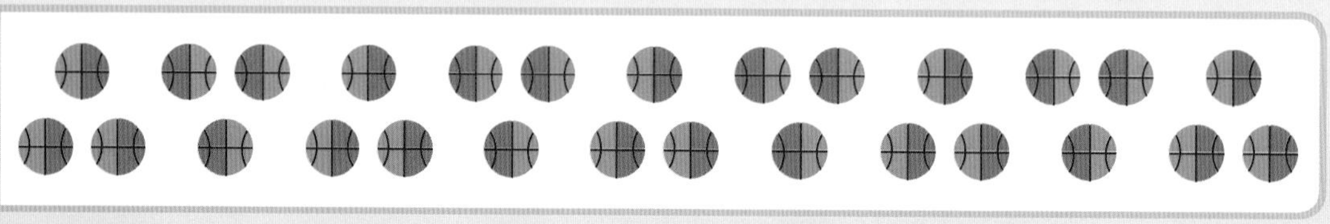

3 — 6 — ◯ — ◯ — ◯ — ◯ — ◯ — ◯ — ◯

❸

4

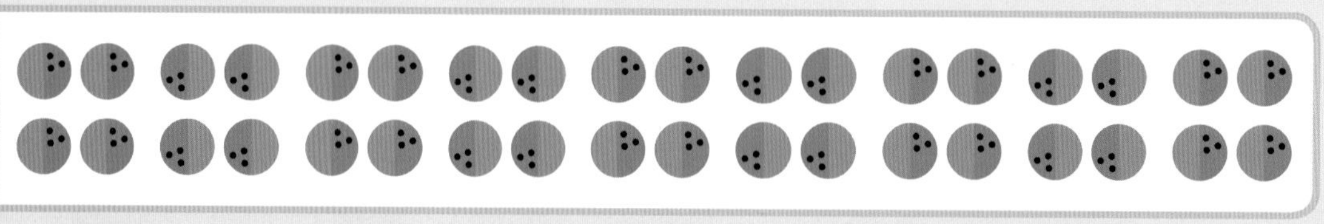

4 — 8 — ◯ — ◯ — ◯ — ◯ — ◯ — ◯ — ◯

⊕ 몇 개입니까? 두 가지 방법으로 묶어 세어 보시오.

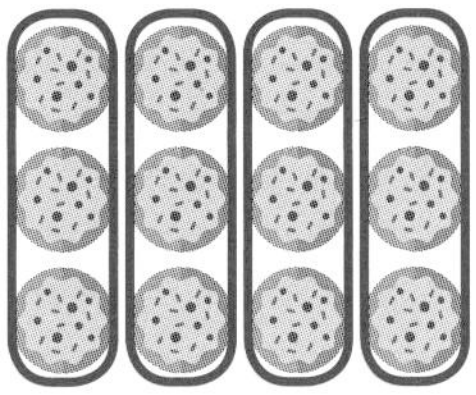

3 – 6 – 9 – 12

4 – 8 – 12

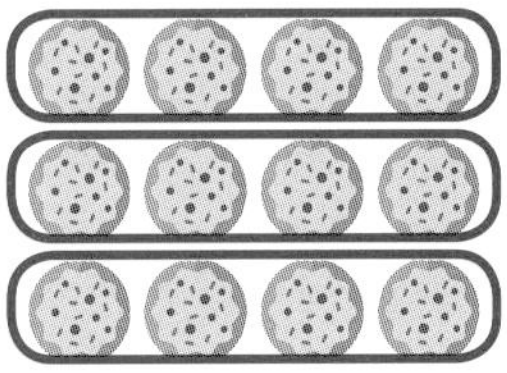

❶

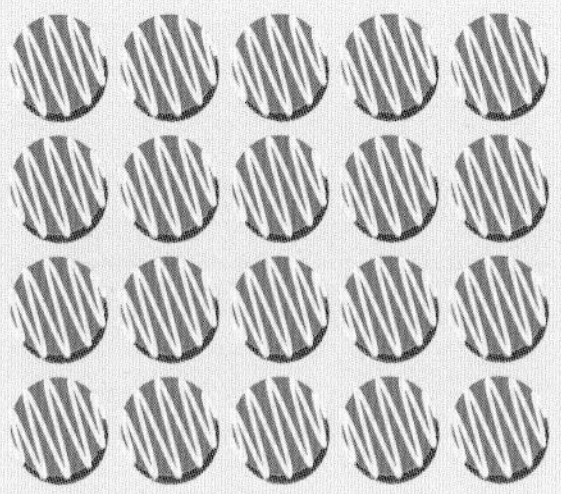

4 – ( ) – ( ) – ( ) – ( )

5 – ( ) – ( ) – ( )

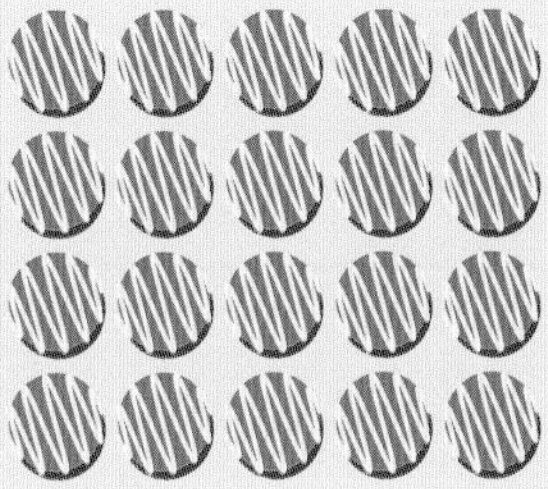

❷

2 – ( ) – ( ) – ( )

4 – ( )

❸

3 – ( ) – ( ) – ( ) – ( )

5 – ( ) – ( )

뛰어 세기

◐ 빈칸에 알맞은 수를 써넣으시오.

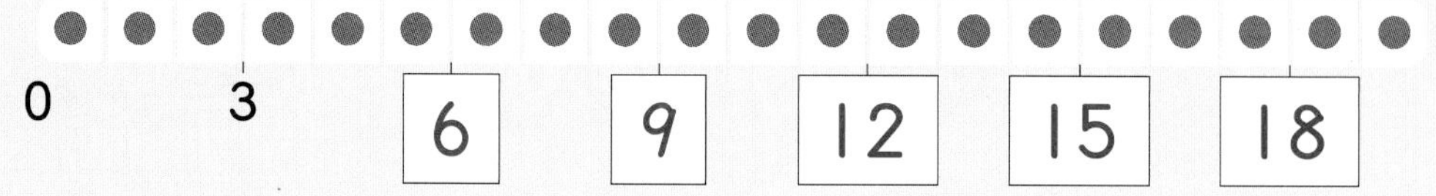

❶

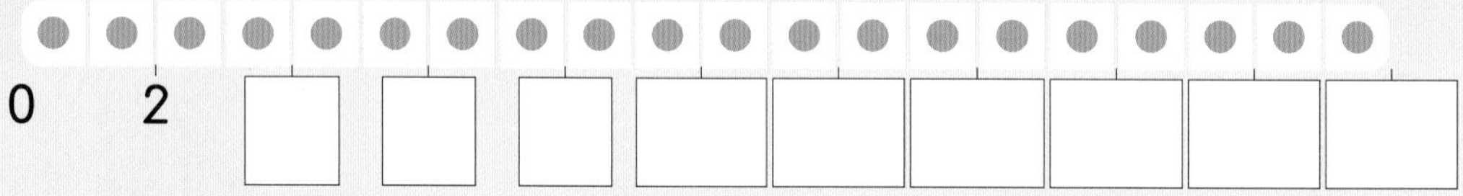

❷

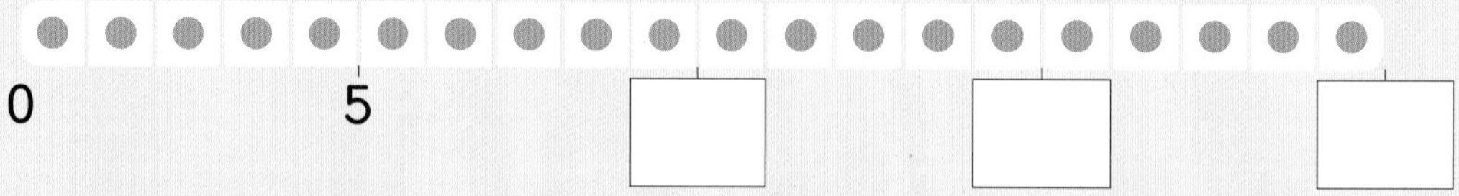

❸

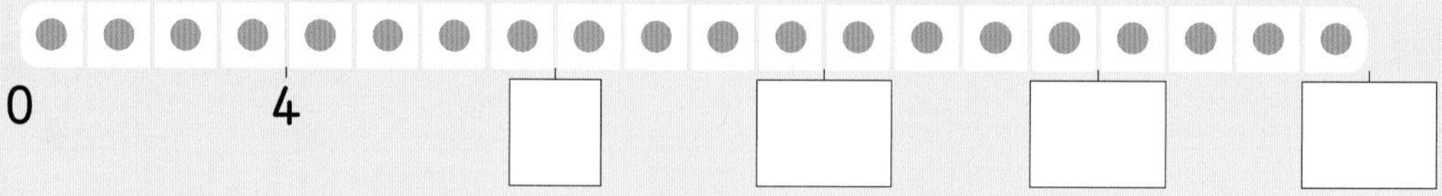

❹

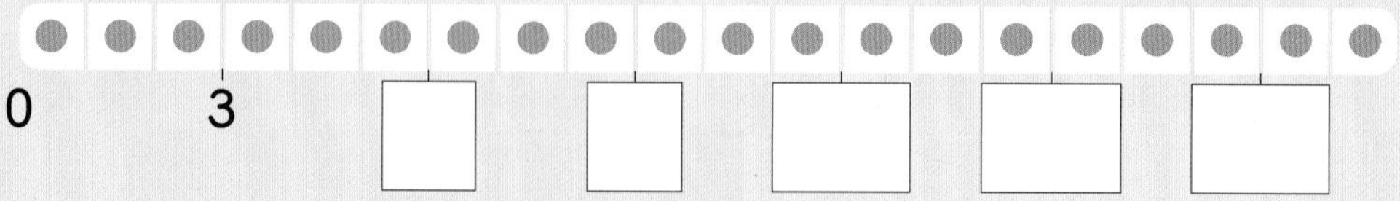

⊕ 빈칸에 알맞은 수를 써넣으시오.

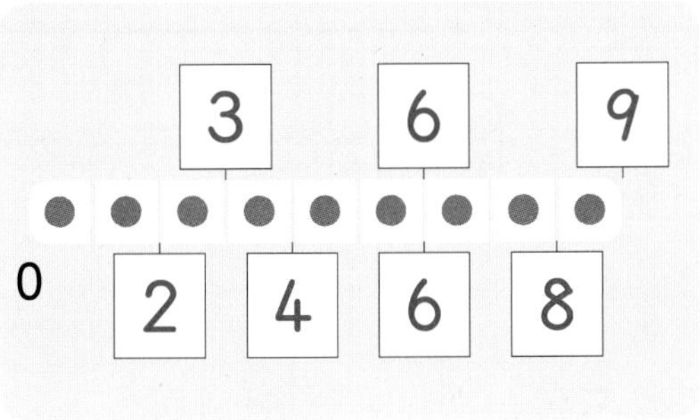

❶

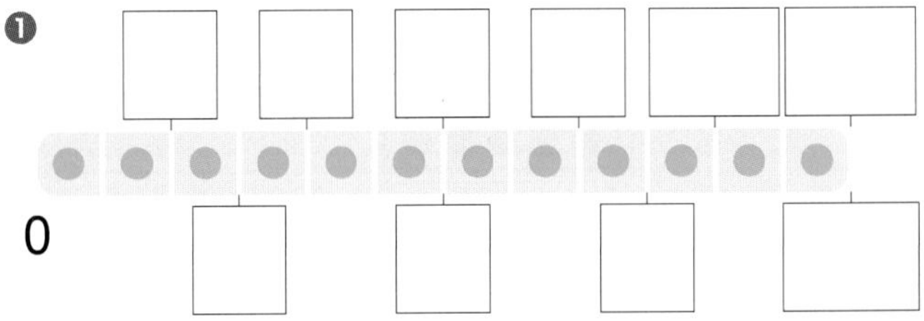

❷

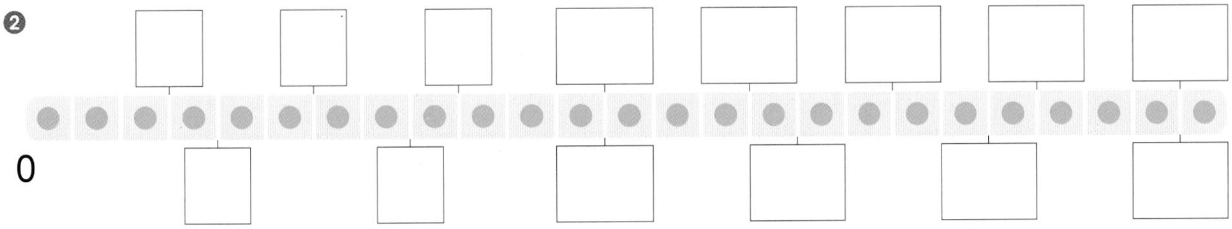

❸

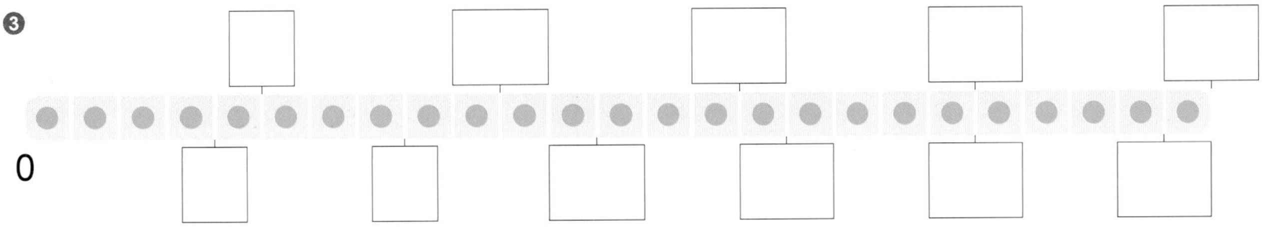

❹

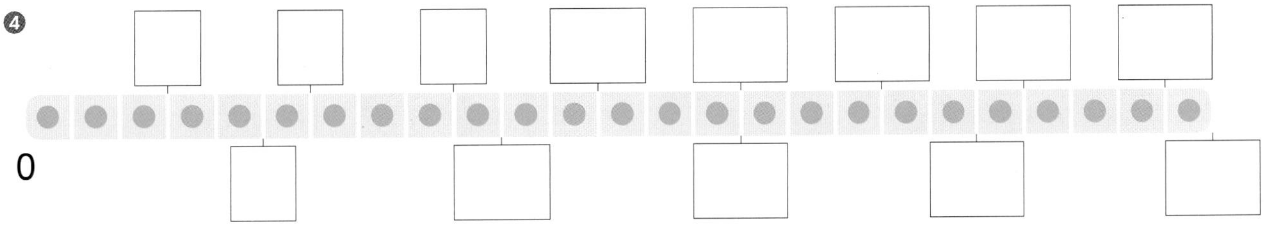

451 덧셈식과 곱셈식

◐ 그림을 보고 빈칸에 알맞은 수를 써넣으시오.

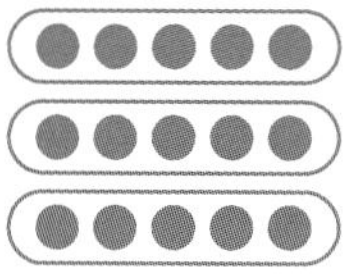

5씩 3묶음은 [15] 입니다.

5의 3배는 [15] 입니다.

덧셈식으로 나타내면

[5] + [5] + [5] = [15]

곱셈식으로 나타내면

5 × [3] = [15]

❶

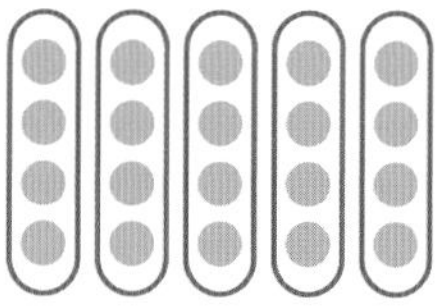

4씩 5묶음은 □ 입니다.

4의 5배는 □ 입니다.

덧셈식으로 나타내면

□ + □ + □ + □ + □ = □

곱셈식으로 나타내면

4 × □ = □

❷

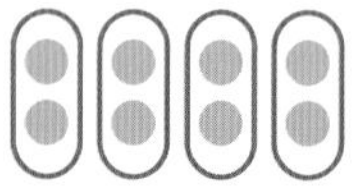

2씩 4묶음은 □ 입니다.

2의 4배는 □ 입니다.

덧셈식으로 나타내면

□ + □ + □ + □ = □

곱셈식으로 나타내면

2 × □ = □

❸

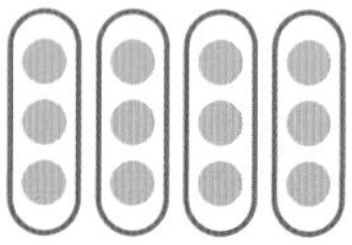

3씩 4묶음은 □ 입니다.

3의 4배는 □ 입니다.

덧셈식으로 나타내면

□ + □ + □ + □ = □

곱셈식으로 나타내면

3 × □ = □

□ 안에 알맞은 수를 써넣으시오.

$4+4+4=\boxed{12}$

$4\times\boxed{3}=\boxed{12}$

❶ $3+3+3+3+3=\square$

$3\times\square=\square$

❷ $5+5+5+5=\square$

$5\times\square=\square$

❸ $2+2+2+2+2+2=\square$

$2\times\square=\square$

❹ $3+3+3+3=\square$

$3\times\square=\square$

❺ $5+5+5+5+5=\square$

$5\times\square=\square$

❻ $2+2+2=\square$

$2\times\square=\square$

❼ $4+4+4+4+4+4=\square$

$4\times\square=\square$

❽ $5+5=\square$

$5\times\square=\square$

❾ $3+3+3+3+3+3+3=\square$

$3\times\square=\square$

점판

◐ □ 안의 점의 수가 나타내는 곱셈식을 두 가지로 나타내시오.

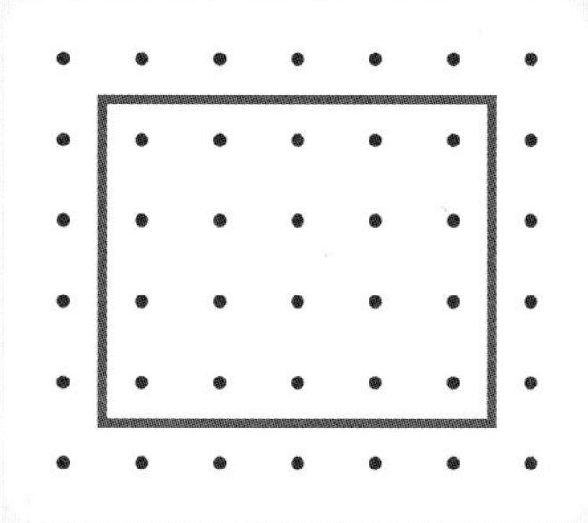

4 × 5 = 20

5 × 4 = 20

❶

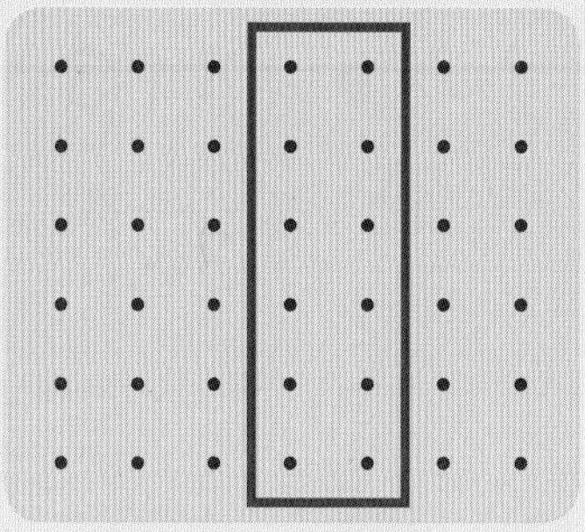

□ × □ = □

□ × □ = □

❷

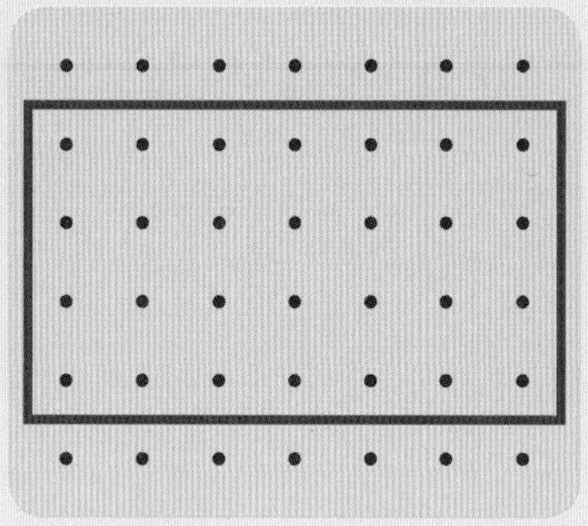

□ × □ = □

□ × □ = □

❸

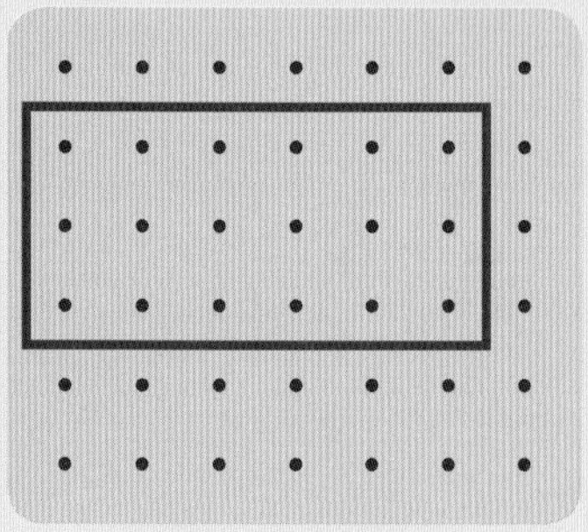

□ × □ = □

□ × □ = □

❹

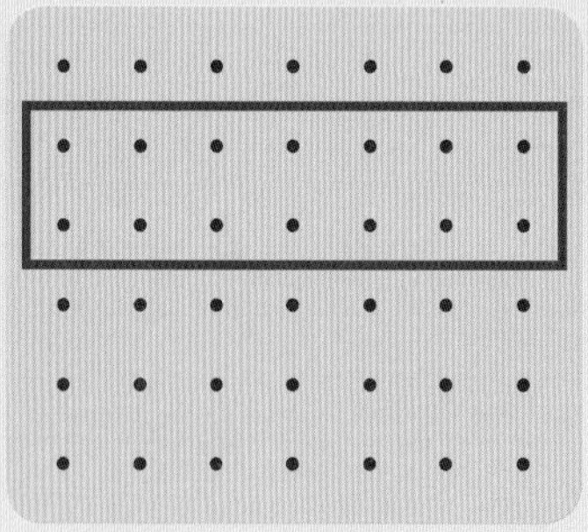

□ × □ = □

□ × □ = □

❺

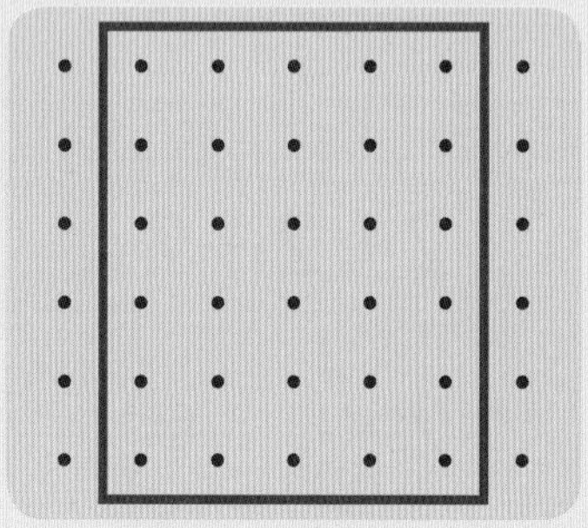

□ × □ = □

□ × □ = □

◆ ● 안의 두 수에 맞게 ▭를 그리고 두 가지 곱셈식으로 나타내시오.

4 6

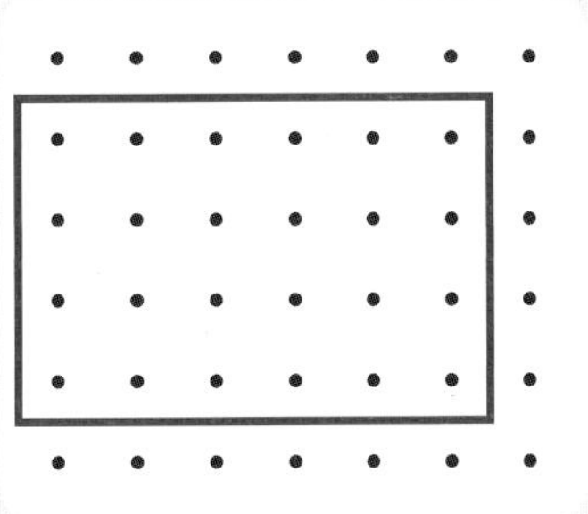

4×6=24

6×4=24

❶ 3 4

❷ 3 5

❸ 2 5

❹ 5 6

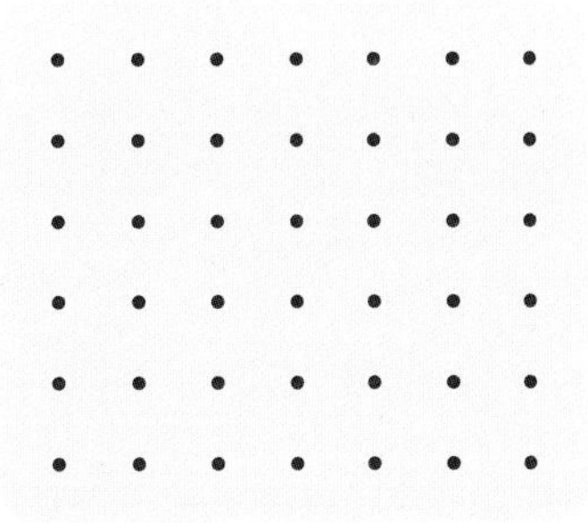

❺ 3 7

잘 공부했는지 알아봅시다

월　　일

1 모두 몇 개인지 묶어 세어 보시오.

❶ 2씩 몇 묶음입니까?

❷ 4씩 몇 묶음입니까?

❸ 5씩 몇 묶음입니까?

❹ 모두 몇 개입니까?

2 빈칸에 알맞은 수를 써넣으시오.

❶ 3씩 4묶음은 □ 의 □ 배입니다.

❷ 3의 4배는 $3+3+3+3=$ □ 입니다.

❸ 곱셈식으로 나타내면 □ $\times$ □ $=$ □ 입니다.

3 빈칸을 알맞게 채우시오.

❶

□　□　9　□　15　□

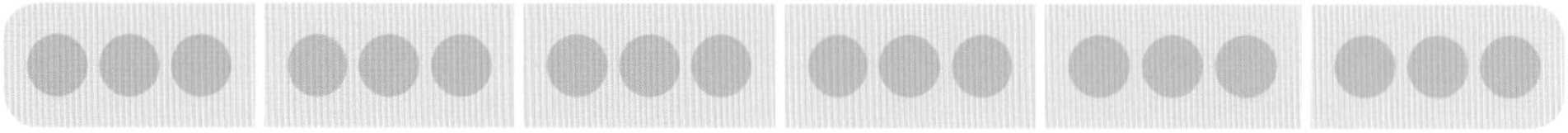

0　3×1　3×2　□　3×4　□　3×6

❷

□　8　□　16　□

0　4×1　□　4×3　□　4×5

2

2~5의 단 곱셈구구

453 구구단

◐ 빈칸에 알맞은 수를 써넣으시오.

×	1	2	3	4	5	6	7	8	9
2	2	4	6	8	10	12	14	16	18

+2 +2 +2 +2 +2 +2 +2 +2

❶

×	1	2	3	4	5	6	7	8	9
5									

+5 +5 +5 +5 +5 +5 +5 +5

❷

×	1	2	3	4	5	6	7	8	9
3									

+3 +3 +3 +3 +3 +3 +3 +3

❸

×	1	2	3	4	5	6	7	8	9
4									

+4 +4 +4 +4 +4 +4 +4 +4

월 일

빈칸에 알맞은 수를 써넣으시오.

×	3	8	5	2
2	6	16	10	4

❶

×	2	7	1	6
5				

❷

×	5	3	7	9
3				

❸

×	2	7	8	9
4				

❹

×	8	7	3	9
5				

❺

×	9	3	7	6
2				

❻

×	7	5	1	8
4				

❼

×	4	9	3	2
3				

❽

×	9	1	8	7
2				

❾

×	6	4	5	7
3				

454 바꾸어 곱하기

◐ 두 수를 바꾸어 곱한 것입니다. □ 안에 알맞은 수를 써넣으시오.

$2 \times 6 = \boxed{12}$
$6 \times 2 = \boxed{12}$

❶ $3 \times 5 = \square$
$5 \times 3 = \square$

❷ $4 \times 5 = \square$
$5 \times 4 = \square$

❸ $5 \times 6 = \square$
$6 \times 5 = \square$

❹ $2 \times 5 = \square$
$5 \times 2 = \square$

❺ $3 \times 8 = \square$
$8 \times 3 = \square$

❻ $4 \times 7 = \square$
$7 \times 4 = \square$

❼ $5 \times 9 = \square$
$9 \times 5 = \square$

❽ $3 \times 7 = \square$
$7 \times 3 = \square$

❾ $2 \times 3 = \square$
$3 \times 2 = \square$

❿ $4 \times 2 = \square$
$2 \times 4 = \square$

⓫ $3 \times 6 = \square$
$6 \times 3 = \square$

주어진 수를 사용하여 곱셈식을 두 개 만드시오.

2 18 9

2 × 9 = 18

9 × 2 = 18

❶ 3 7 21

□ × □ = □

□ × □ = □

❷ 24 4 6

□ × □ = □

□ × □ = □

❸ 10 5 2

□ × □ = □

□ × □ = □

❹ 4 5 20

□ × □ = □

□ × □ = □

❺ 16 2 8

□ × □ = □

□ × □ = □

❻ 3 24 8

□ × □ = □

□ × □ = □

❼ 5 6 30

□ × □ = □

□ × □ = □

❽ 4 8 2

□ × □ = □

□ × □ = □

455 성문 막기

◐ 관계 있는 것끼리 선으로 이으시오.

× 4

3	8
2	36
9	12

❶ × 2

7	14
6	12
3	6

❷ × 3

5	21
7	15
9	27

❸ × 5

2	25
8	10
5	40

❹ × 2

8	8
9	18
4	16

❺ × 4

3	20
5	24
6	12

❻ × 5

3	30
6	15
9	45

❼ × 3

8	12
3	9
4	24

❽ × 4

7	16
9	28
4	36

월 일

○ 안에 알맞은 수를 쓰고 나머지 선 두 개를 그으시오.

× 5

3	15
2	30
6	10

❶ × ○

7	16
2	4
8	14

❷ × ○

5	9
7	15
3	21

❸ × ○

5	8
2	28
7	20

❹ × ○

7	20
4	35
6	30

❺ × ○

3	9
6	18
9	27

❻ × ○

3	14
9	6
7	18

❼ × ○

4	32
7	16
8	28

❽ × ○

8	45
6	30
9	40

456 양방 곱셈

◐ 곱하기 하여 ◯ 안에 알맞은 수를 써넣으시오.

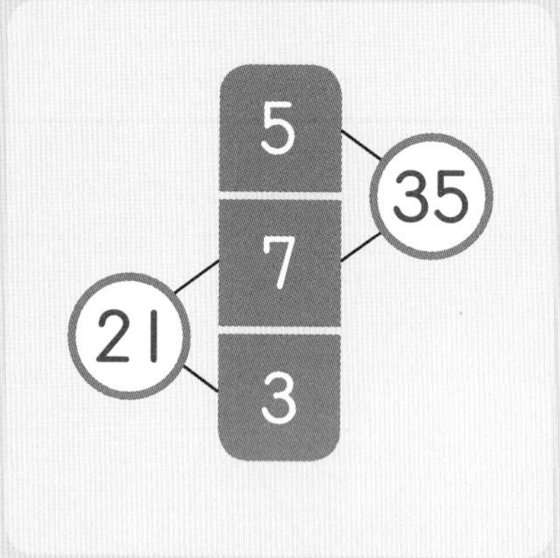

❶

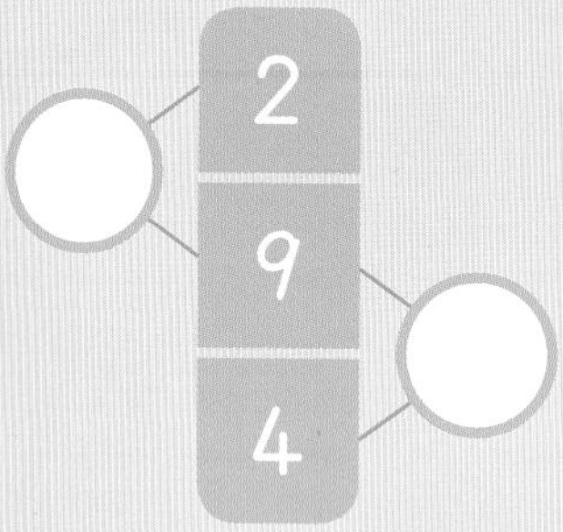

❷

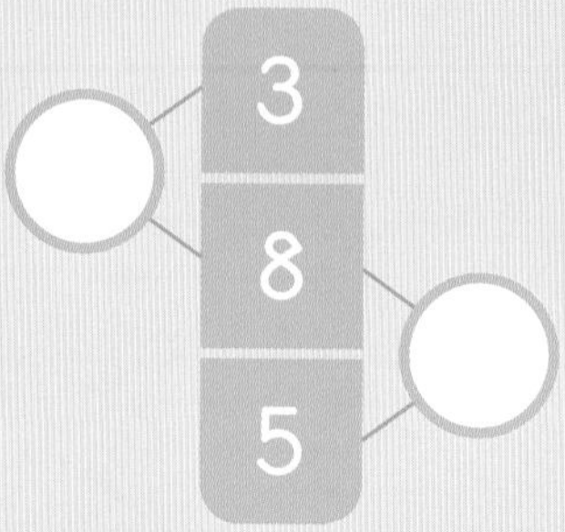

❸

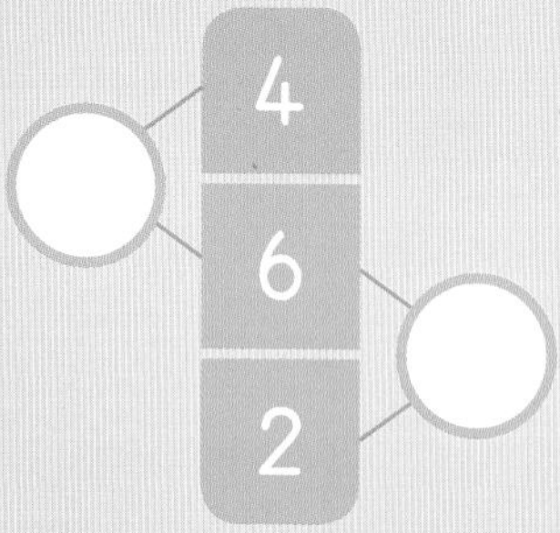

❹

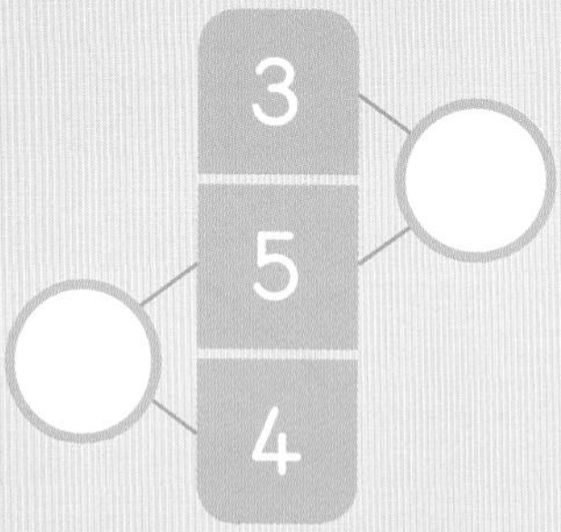

❺

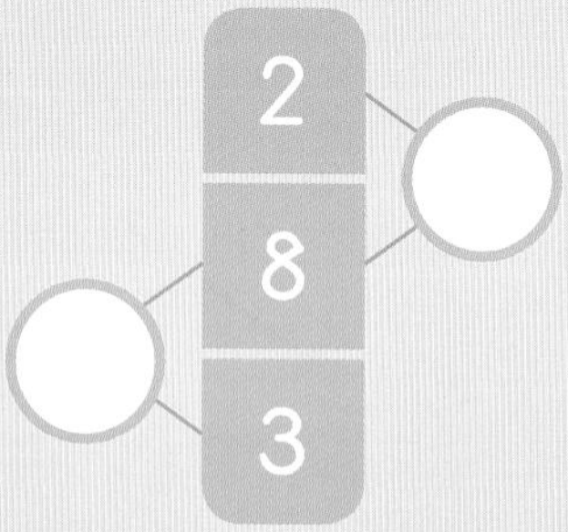

❻

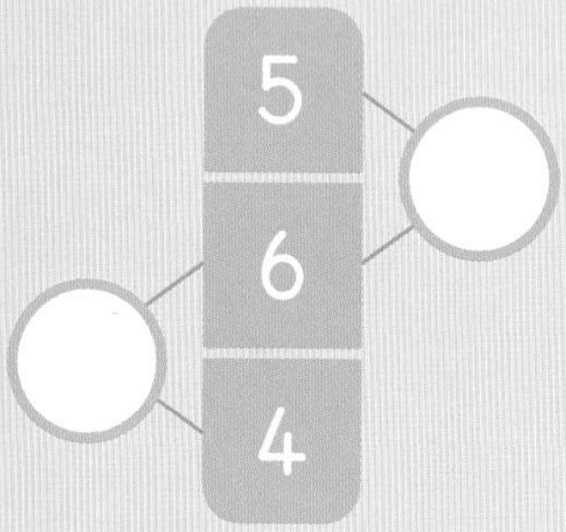

❼

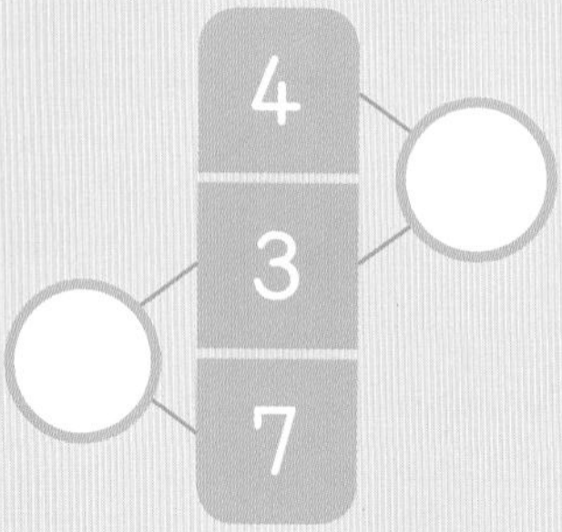

❽

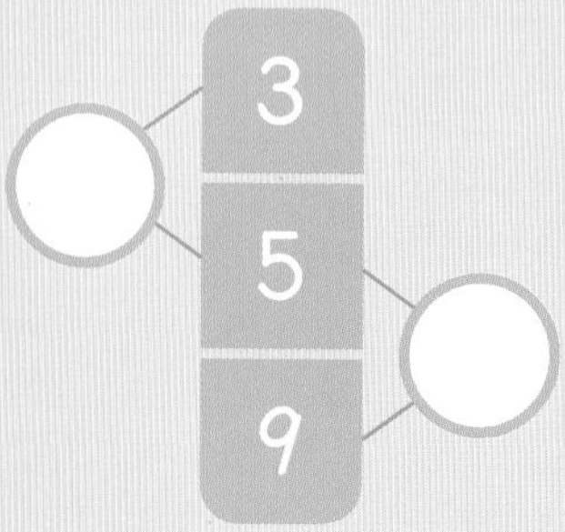

빈칸에 알맞은 수를 써넣으시오.

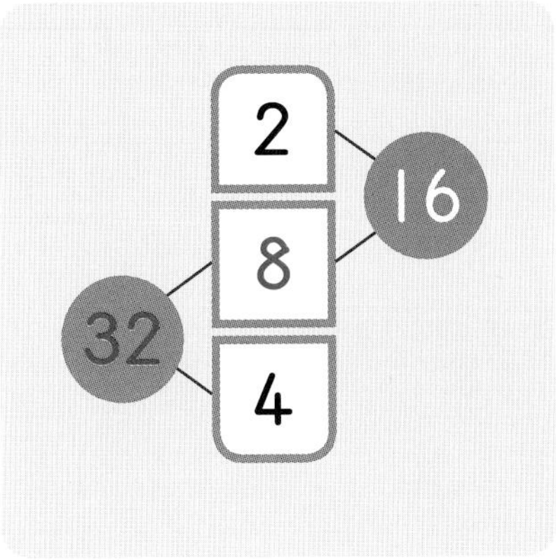

❶

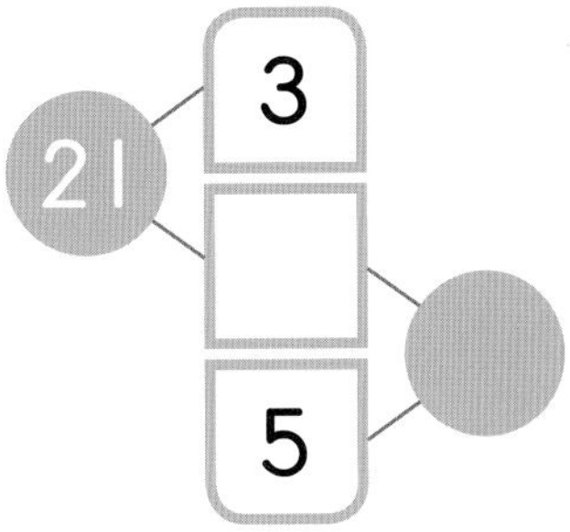

❷

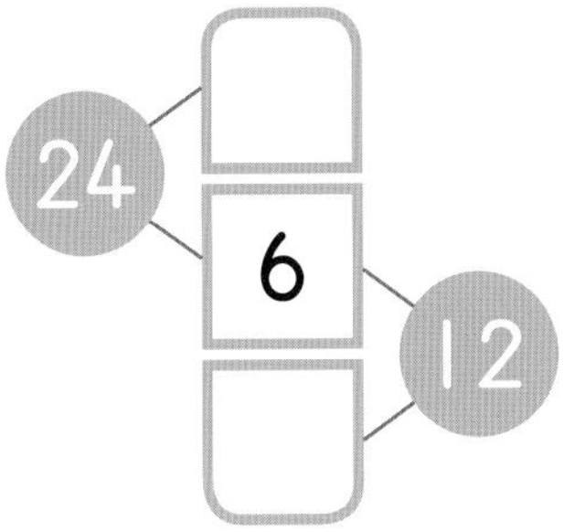

❸

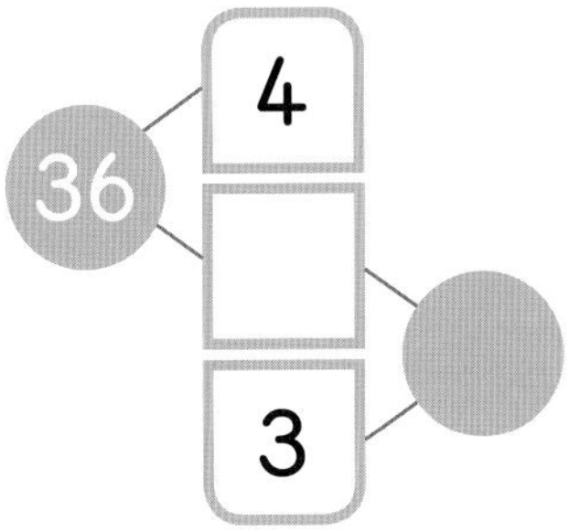

❹

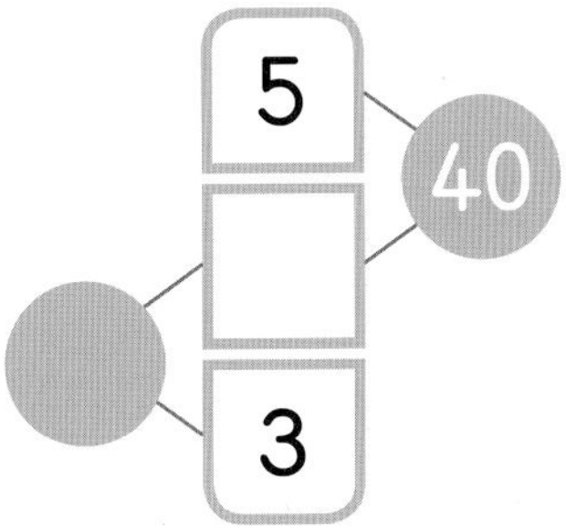

❺

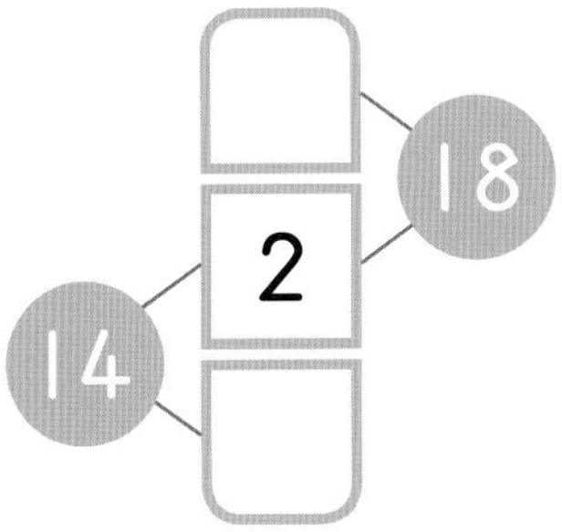

❻

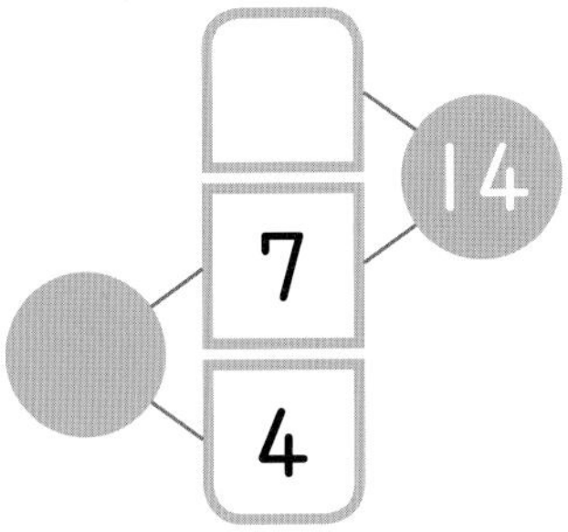

❼

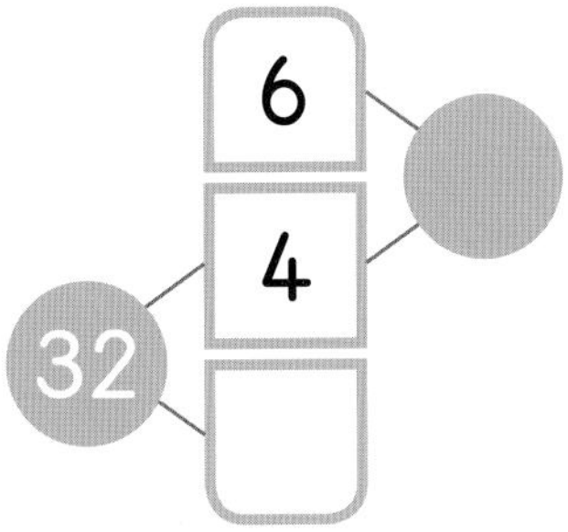

❽

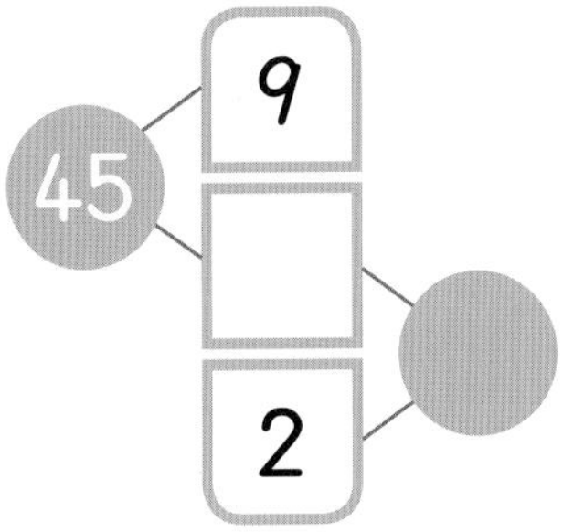

잘 공부했는지 알아봅시다

월 일

1 빈칸에 알맞은 수를 써넣으시오.

❶

×	3	8	9
2	6		

❷

×	6	9	4
5	30		

❸

×	2	7	6
3	6		

❹

×	5	8	3
4	20		

2 3의 단 곱셈구구에서는 곱이 얼마씩 커집니까?

3 그림을 보고 빈칸에 알맞은 수를 써넣으시오.

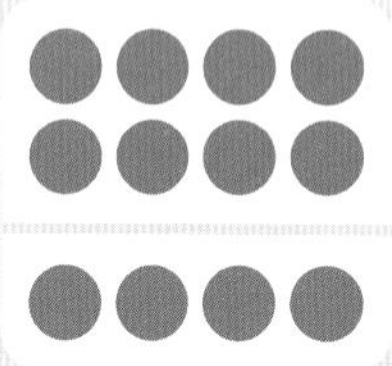

4×2

4×1

4×2에 4×1을 더하면 ☐ 와 같습니다.

4 그림을 보고 모두 몇 개인지 곱셈식으로 알아보시오.

식 : ________________ 답 : ______ 개

3 6~9 곱셈식

457 수직선 뛰어 세기

◐ 빈칸에 알맞은 수를 써넣으시오.

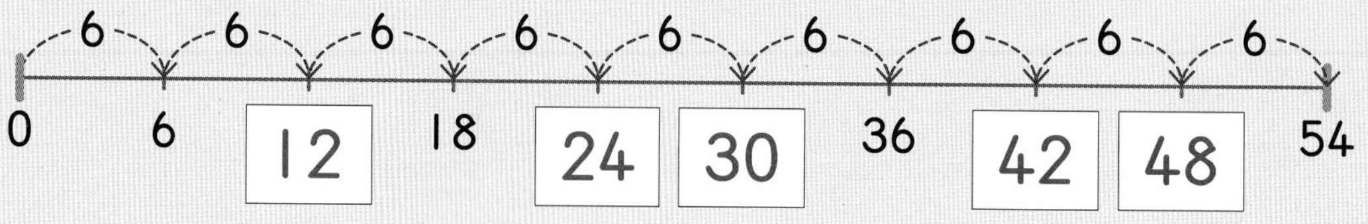

❶

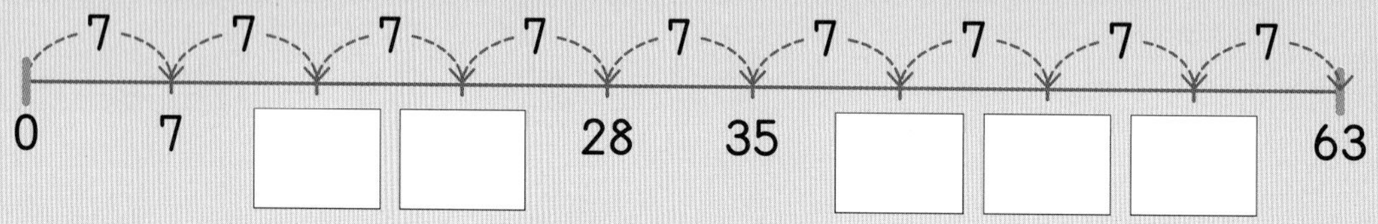

❷

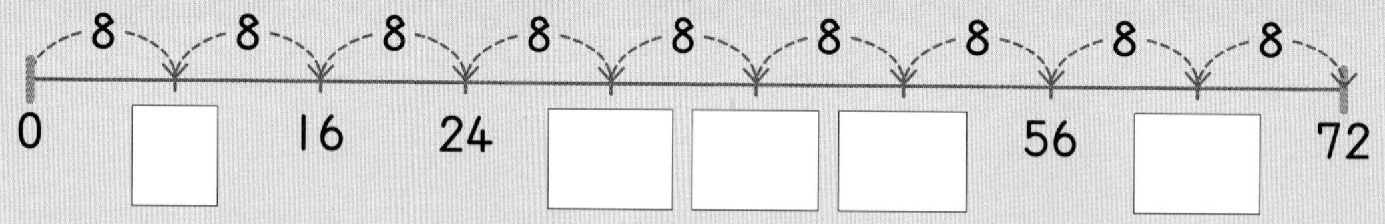

❸

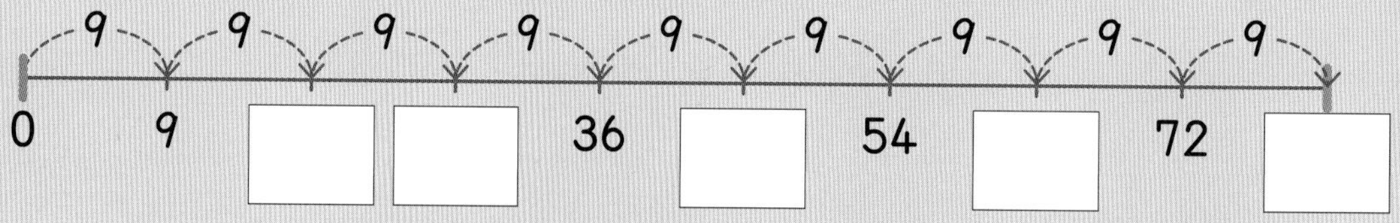

❹

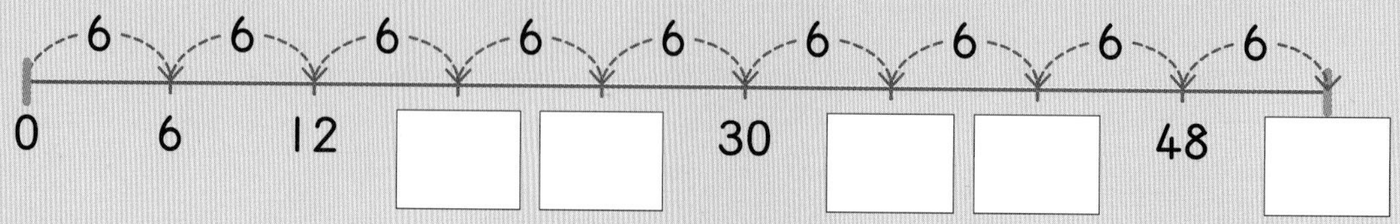

◆ 빈칸에 알맞은 수를 써넣으시오.

6 6 6 6
24 [30] 36 [42] 48

❶ 7 7 7 7
14 □ □ 35 42

❷ 8 8 8 8
16 □ 32 □ 48

❸ 9 9 9 9
36 □ □ □ 72

❹ 7 7 7 7
28 □ □ □ 56

❺ 8 8 8 8
40 □ □ □ 72

❻ 9 9 9 9
18 □ □ □ 54

❼ 6 6 6 6
12 □ □ □ 36

❽ 8 8 8 8
32 □ □ □ 64

❾ 7 7 7 7
35 □ □ □ 63

458 미로 통과

◐ 작은 수부터 ● 안의 수만큼 뛰어 세어 9개의 방을 통과하시오.

6

6	10	30	36
12	18	24	42
20	32	28	48
35	38	45	54

❶ 7

7	12	20	27
14	25	32	40
21	28	49	56
30	35	42	63

❷ 8

8	16	24	32
12	18	24	40
20	32	56	48
35	38	64	72

❸ 9

9	18	26	40
36	27	35	62
45	52	64	71
54	63	72	81

✤ 큰 수부터 ● 안의 수만큼 뛰어 세어 9개의 방을 통과하시오.

(9)

81	72	62	53
73	63	54	35
56	36	45	17
48	27	18	9

❶

(7)

63	12	20	27
56	25	32	40
49	28	21	14
42	35	42	7

❷

(6)

54	48	42	38
44	30	36	32
38	24	18	14
26	20	12	6

❸

(8)

72	62	38	30
64	54	32	24
56	48	40	16
49	38	18	8

구슬 칸 수

◐ 그림이 나타내는 곱셈식을 두 가지 쓰시오.

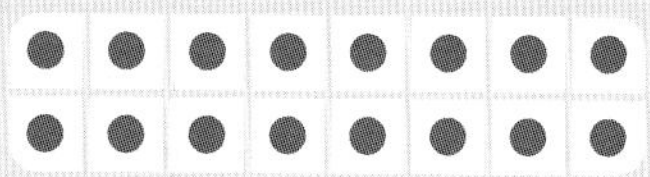

2 × 8 = 16

8 × 2 = 16

❶

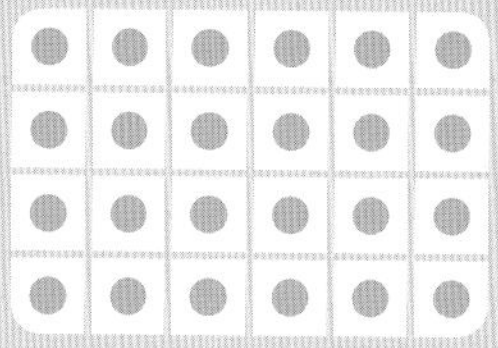

□ × □ = □

□ × □ = □

❷

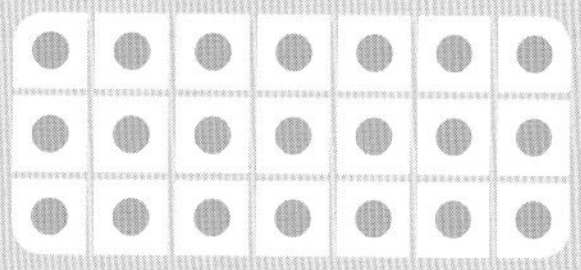

□ × □ = □

□ × □ = □

❸

□ × □ = □

□ × □ = □

❹

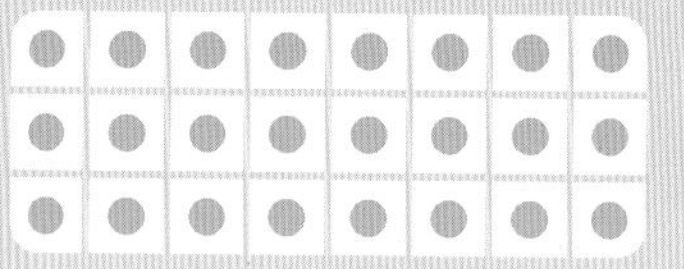

□ × □ = □

□ × □ = □

❺

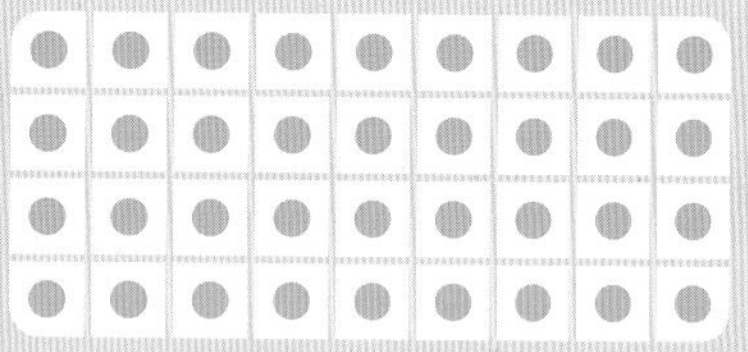

□ × □ = □

□ × □ = □

❻

□ × □ = □

□ × □ = □

❼

□ × □ = □

□ × □ = □

❽

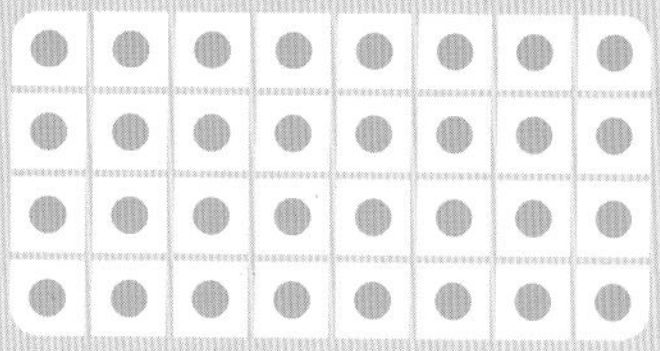

□ × □ = □

□ × □ = □

그림이 나타내는 곱셈식을 두 가지 쓰시오.

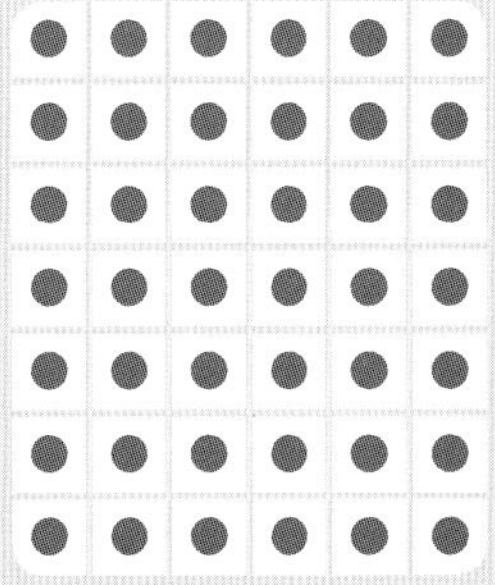

$7 \times 6 = 42$

$6 \times 7 = 42$

❶

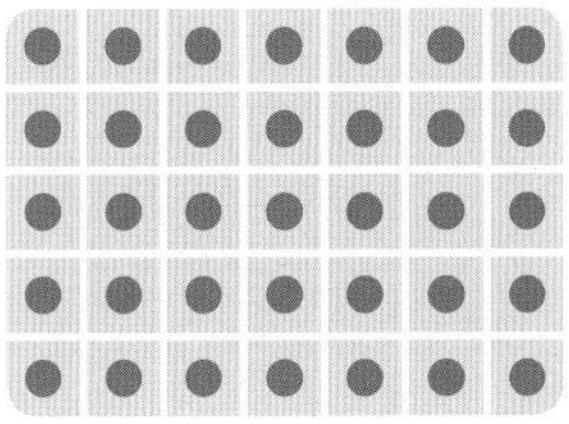

❷

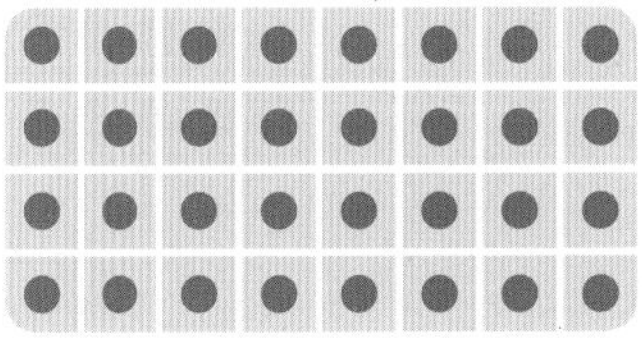

❸

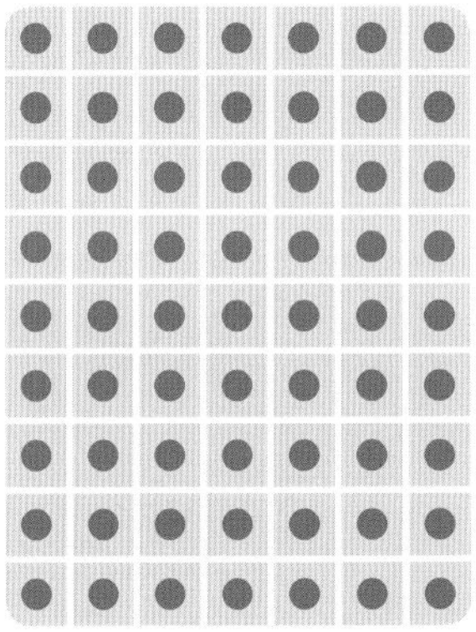

❹

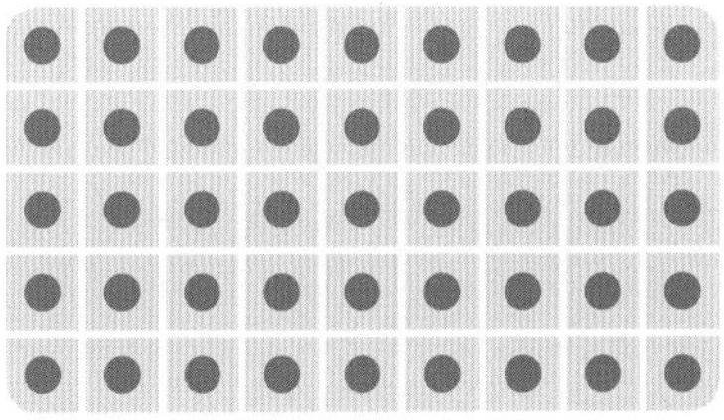

❺

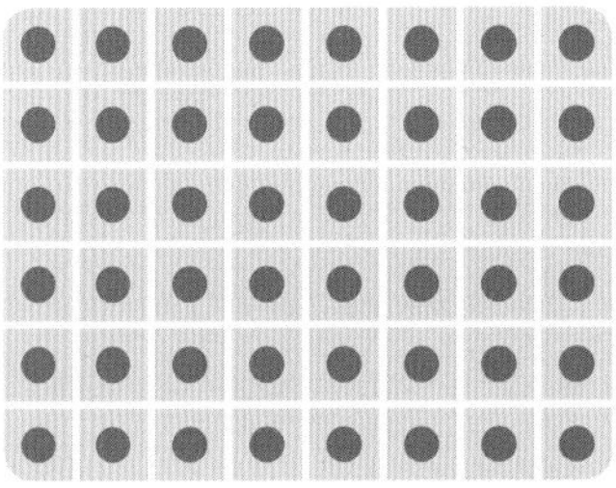

460 덧셈식과 곱셈식

◐ 그림을 보고 빈칸에 알맞은 수를 써넣으시오.

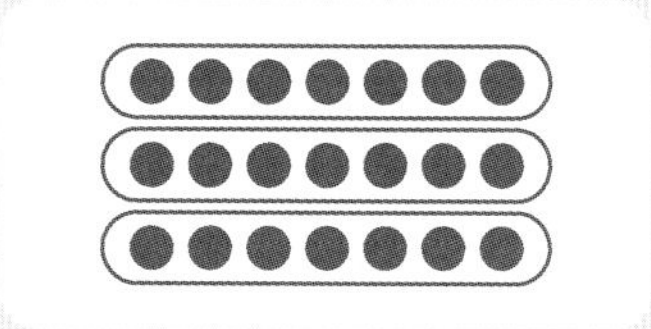

7씩 3묶음은 [21] 입니다.

7의 3배는 [21] 입니다.

덧셈식으로 나타내면

[7] + [7] + [7] = [21]

곱셈식으로 나타내면

7 × [3] = [21]

❶

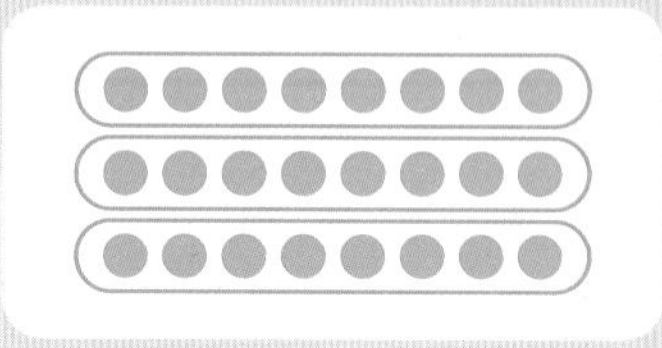

8씩 3묶음은 □ 입니다.

8의 3배는 □ 입니다.

덧셈식으로 나타내면

□ + □ + □ = □

곱셈식으로 나타내면

8 × □ = □

❷

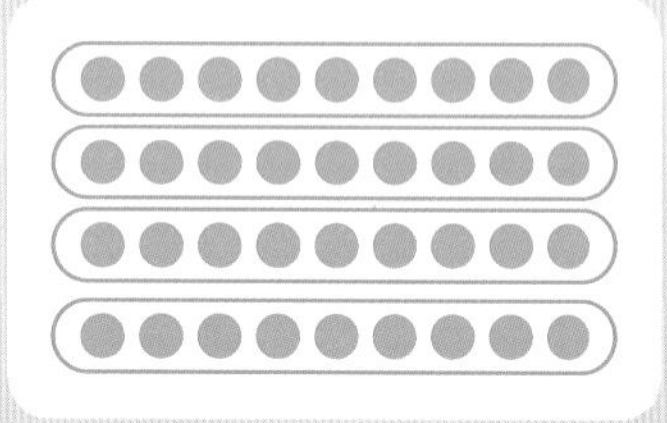

9씩 4묶음은 □ 입니다.

9의 4배는 □ 입니다.

덧셈식으로 나타내면

□ + □ + □ + □ = □

곱셈식으로 나타내면

9 × □ = □

❸

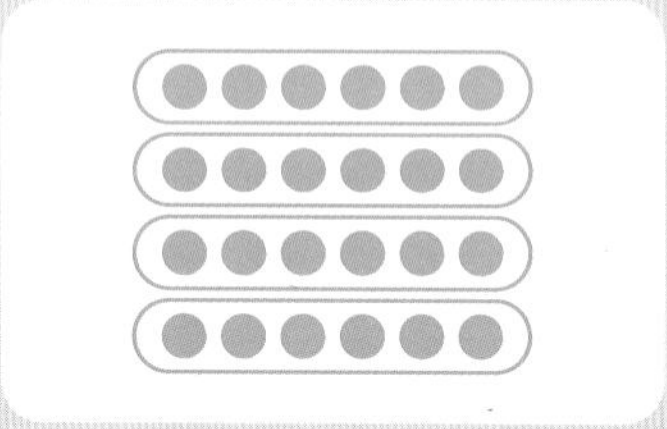

6씩 4묶음은 □ 입니다.

6의 4배는 □ 입니다.

덧셈식으로 나타내면

□ + □ + □ + □ = □

곱셈식으로 나타내면

6 × □ = □

월 일

□ 안에 알맞은 수를 쓰고, 곱셈식은 덧셈식으로, 덧셈식은 곱셈식으로 나타내시오.

$6 \times 5 = $ 30

$6+6+6+6+6=30$

❶ $7+7+7+7+7=$ □

❷ $8 \times 3 =$ □

❸ $9+9+9+9=$ □

❹ $7 \times 4 =$ □

❺ $6+6+6+6=$ □

❻ $9 \times 5 =$ □

❼ $8+8+8+8+8=$ □

❽ $6 \times 6 =$ □

❾ $7+7+7=$ □

잘 공부했는지 알아봅시다

월 일

1 모두 몇 개인지 두 가지 곱셈식으로 나타내시오.

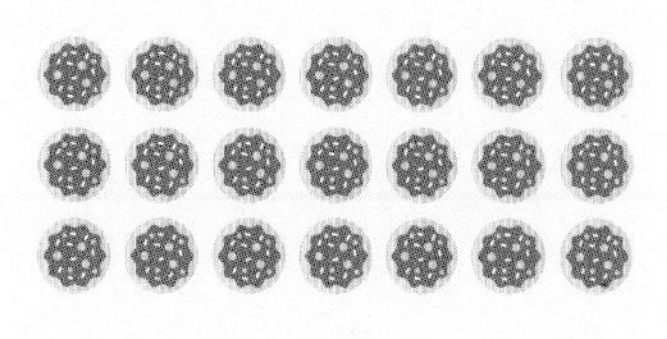

□ × □ = □ (개)

□ × □ = □ (개)

2 □ 안에 알맞은 수를 써넣으시오.

❶ 6+6+6+6+6+6+6=□

6×□=□

❷ 8+8+8+8+8=□

8×□=□

3 수직선을 보고 빈칸에 알맞은 수를 써넣으시오.

❶

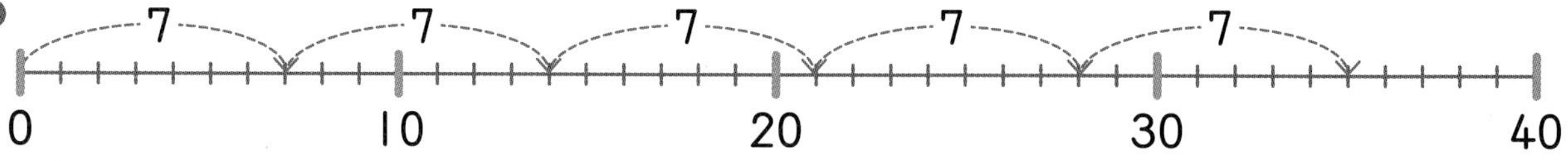

7×5=□

❷

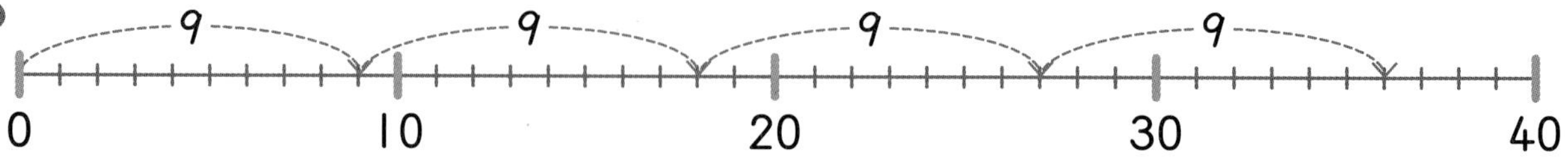

9×4=□

4 6~9의 단 곱셈구구

461 구구단

◐ 빈칸에 알맞은 수를 써넣으시오.

×	1	2	3	4	5	6	7	8	9
6	6	12	18	24	30	36	42	48	54

+6 +6 +6 +6 +6 +6 +6 +6

❶

×	1	2	3	4	5	6	7	8	9
7									

+7 +7 +7 +7 +7 +7 +7 +7

❷

×	1	2	3	4	5	6	7	8	9
8									

+8 +8 +8 +8 +8 +8 +8 +8

❸

×	1	2	3	4	5	6	7	8	9
9									

+9 +9 +9 +9 +9 +9 +9 +9

⊕ 빈칸에 알맞은 수를 써넣으시오.

×	3	8	5	4
6	18	48	30	24

❶

×	2	7	1	6
7				

❷

×	4	9	3	2
8				

❸

×	7	5	1	8
9				

❹

×	8	7	3	9
7				

❺

×	9	1	8	7
6				

❻

×	5	3	7	9
9				

❼

×	2	7	8	9
8				

❽

×	8	7	1	9
6				

❾

×	5	4	7	6
8				

462 자물쇠

◐ 칠해진 두 수의 곱을 빈칸에 써넣으시오.

❶

❷

❸

❹

❺

❻

❼

❽

고리 안의 수가 곱이 되는 두 수를 찾아 색칠하시오.

48

6	3	5
8	2	4
※	7	#

❶ 56

4	6	2
5	8	7
※	3	#

❷ 63

5	6	3
4	9	8
※	7	#

❸ 42

2	4	5
3	6	1
※	7	#

❹ 81

3	1	4
5	9	9
※	2	#

❺ 72

7	4	8
5	9	6
※	3	#

❻ 54

6	9	4
3	8	5
※	7	#

❼ 45

5	9	8
7	6	1
※	4	#

❽ 49

7	2	8
5	4	3
※	7	#

463 하우스

◐ 곱셈을 하여 빈칸에 알맞은 수를 써넣으시오.

× 7	
4	28
6	42
8	56

❶

× 6	
9	
6	
7	

❷

× 8	
4	
7	
3	

❸

× 9	
8	
7	
4	

❹

× 8	
2	
5	
9	

❺

× 9	
3	
9	
5	

❻

× 7	
9	
7	
8	

❼

× 6	
8	
4	
7	

❽

× 7	
3	
2	
5	

⊕ 빈칸에 알맞은 수를 써넣으시오.

×	8
6	48
7	56
4	32

❶

×	
7	49
3	
8	

❷

×	
6	
8	72
5	

❸

×	
	24
6	
5	30

❹

×	
	8
2	16
6	

❺

×	
7	42
	54
	12

❻

×	
4	
	14
9	63

❼

×	
	18
4	36
7	

❽

×	
9	72
	24
	64

464 모으기 곱셈

◐ 선으로 연결된 두 수의 곱을 아래 빈칸에 써넣으시오.

예: 7 6 8 → 42 48

❶ 9 3 6

❷ 7 5 8

❸ 8 2 6

❹ 6 5 9

❺ 9 4 7

❻ 7 3 8

❼ 8 3 6

❽ 6 4 8

❾ 9 2 8

❿ 8 4 9

⓫ 7 3 9

✚ 선으로 연결된 두 수의 곱이 아래의 수가 되도록 빈칸에 안의 수를 써넣으시오.

(예시) 7 6 5 → 42 30 / 5 6 7

❶ 12 42 / 2 6 7

❷ 35 40 / 5 7 8

❸ 21 63 / 3 7 9

❹ 32 24 / 4 6 8

❺ 56 42 / 6 7 8

❻ 54 42 / 6 7 9

❼ 72 48 / 6 8 9

❽ 63 72 / 7 8 9

잘 공부했는지 알아봅시다

월 일

1 빈칸에 이어진 두 수의 곱을 써넣으시오.

❶

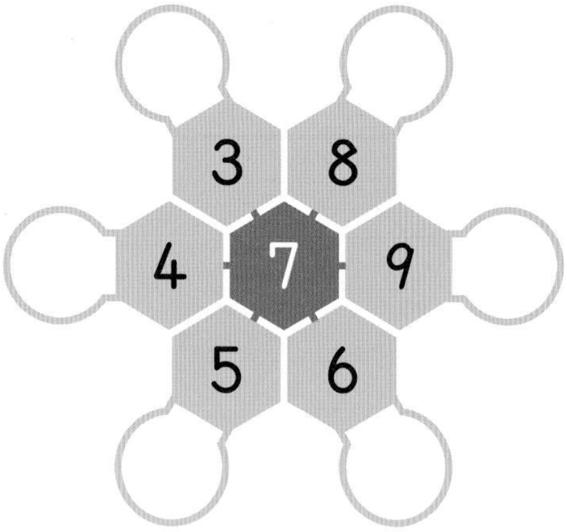

❷

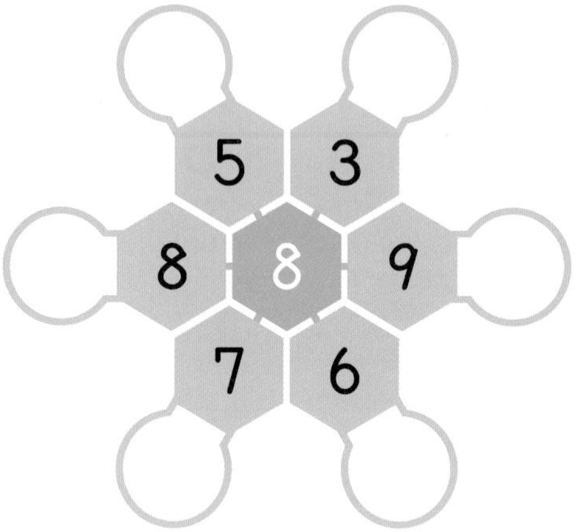

2 빈칸에 알맞은 수를 써넣으시오.

❶

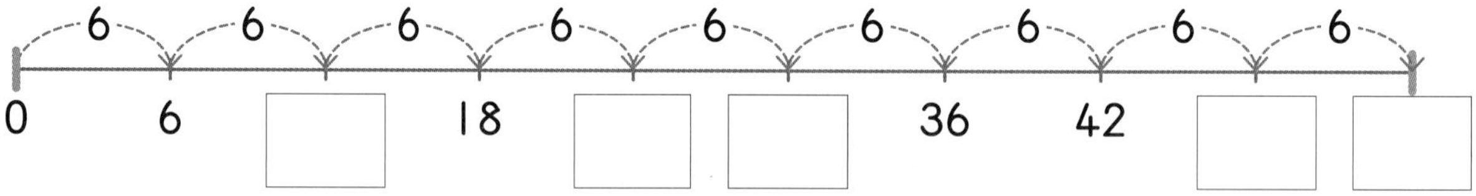

❷

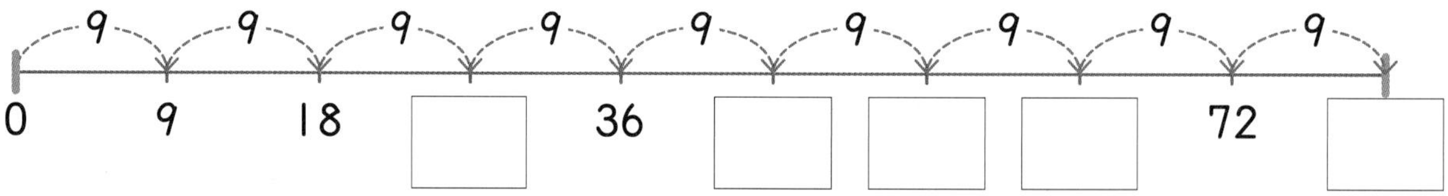

3 1주일은 **7**일이고 겨울 방학은 **6**주입니다. 겨울 방학은 모두 며칠인지 곱셈식으로 알아보시오.

식 : ____________________ 답 : ______ 일

5 곱셈구구 (1)

465 아름다운 구구단

466 숫자 카드 세로 곱셈

467 곱셈 계단

468 곱셈 가르고 모으기

465 아름다운 구구단

◑ 0에서 시작하여 각 단의 수만큼 9번 뛰어 선을 이으시오.

2단

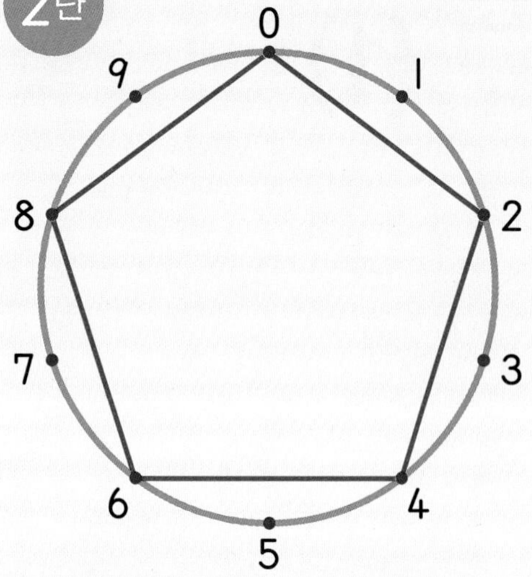

❶ 4단

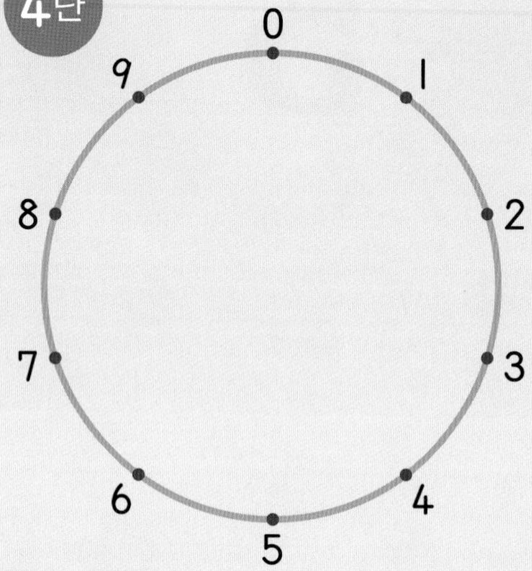

❷ 5단

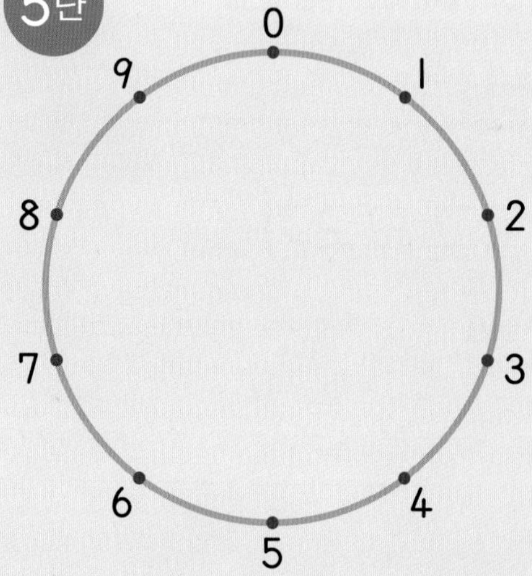

❸ 3단

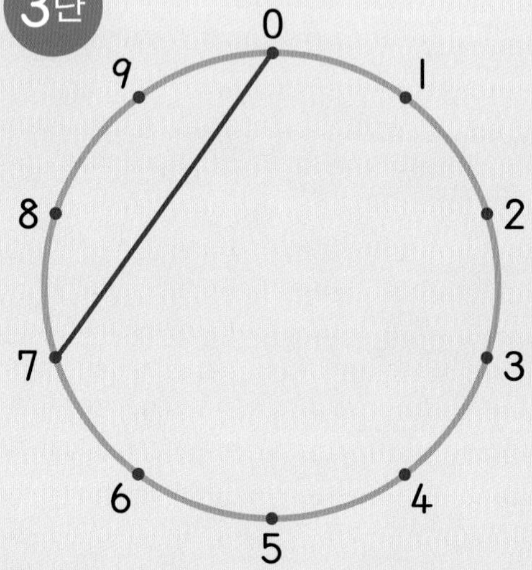

월 일

0에서 시작하여 각 단의 수만큼 9번 뛰어 선을 이으시오.

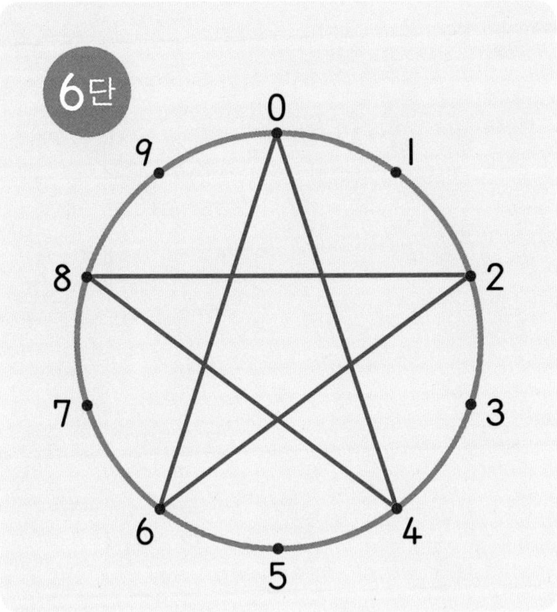

❶ 7단

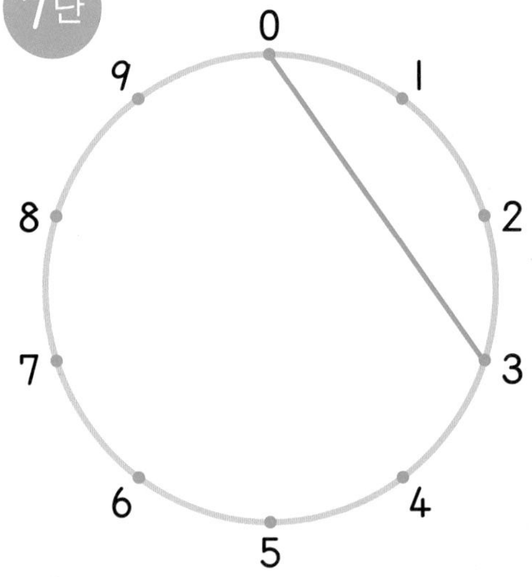

❷ 8단

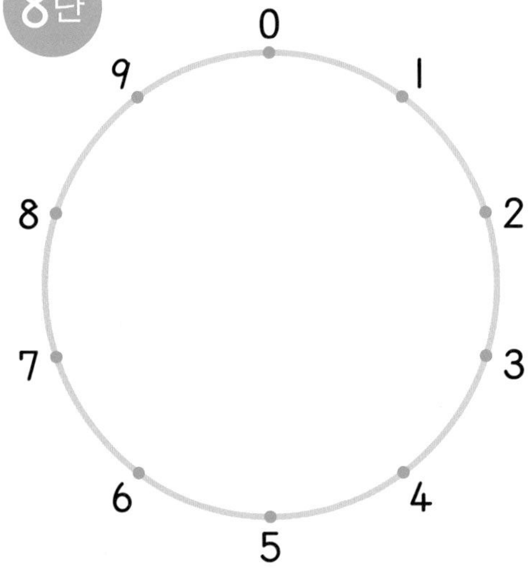

❸ 9단

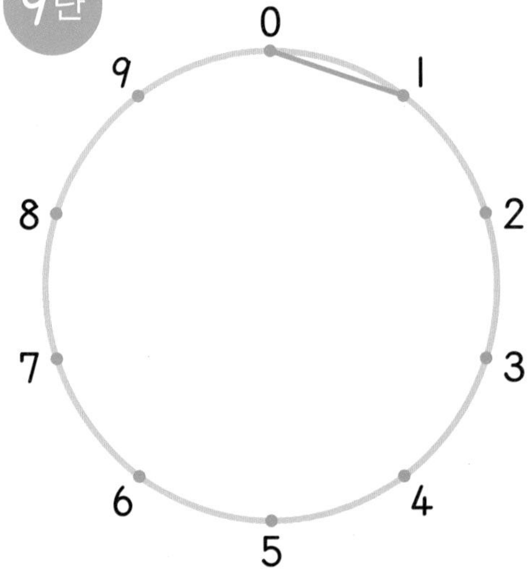

466 숫자 카드 세로 곱셈

◐ 주어진 숫자 카드를 한 번씩 사용하여 곱셈식을 완성하시오.

(보기) 카드: 1, 2, 3, 7

$$\begin{array}{r} 3 \\ \times\ 7 \\ \hline 21 \end{array}$$

❶ 카드: 4, 6, 3, 9

$$\begin{array}{r} \square \\ \times\ \square \\ \hline \square\square \end{array}$$

❷ 카드: 8, 4, 8, 6

$$\begin{array}{r} \square \\ \times\ \square \\ \hline \square\square \end{array}$$

❸ 카드: 5, 5, 3, 7

$$\begin{array}{r} \square \\ \times\ \square \\ \hline \square\square \end{array}$$

❹ 카드: 9, 5, 4, 6

$$\begin{array}{r} \square \\ \times\ \square \\ \hline \square\square \end{array}$$

❺ 카드: 6, 7, 2, 4

$$\begin{array}{r} \square \\ \times\ \square \\ \hline \square\square \end{array}$$

❻ 카드: 3, 2, 7, 9

$$\begin{array}{r} \square \\ \times\ \square \\ \hline \square\square \end{array}$$

❼ 카드: 9, 6, 3, 7

$$\begin{array}{r} \square \\ \times\ \square \\ \hline \square\square \end{array}$$

월 일

⊕ 주어진 숫자 카드를 한 번씩 사용하여 세로 곱셈식을 만드시오.

3	5
0	6

$$\begin{array}{r} 5 \\ \times \quad 6 \\ \hline 3\ 0 \end{array}$$

❶

8	2
7	9

❷

2	1
8	6

❸

4	8
2	7

❹

4	5
5	9

❺

5	6
7	8

❻

1	2
9	8

❼

8	2
7	9

467 곱셈 계단

◐ 숫자 카드를 두 장씩 곱하여 나온 수를 작은 수부터 차례로 써넣으시오.

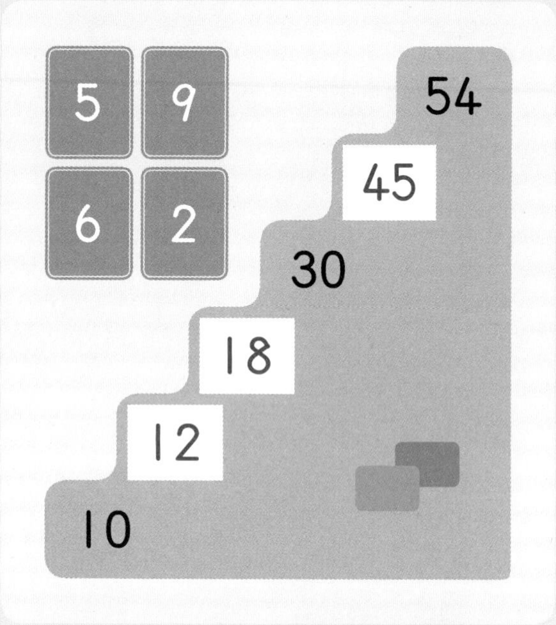

❶

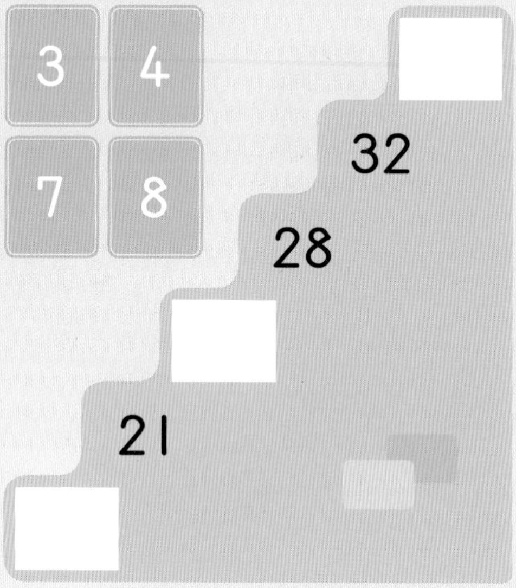

❷

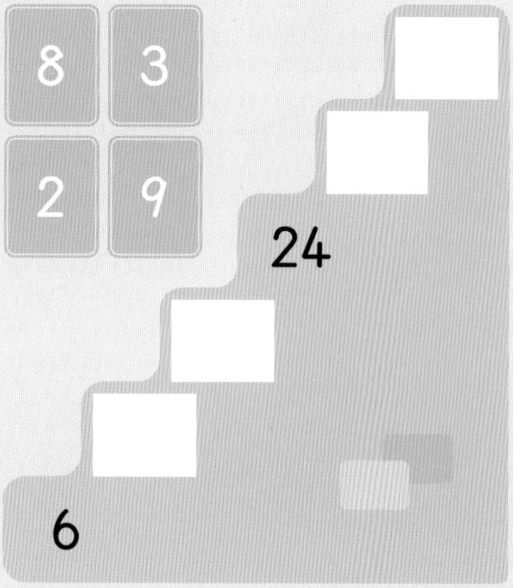

❸

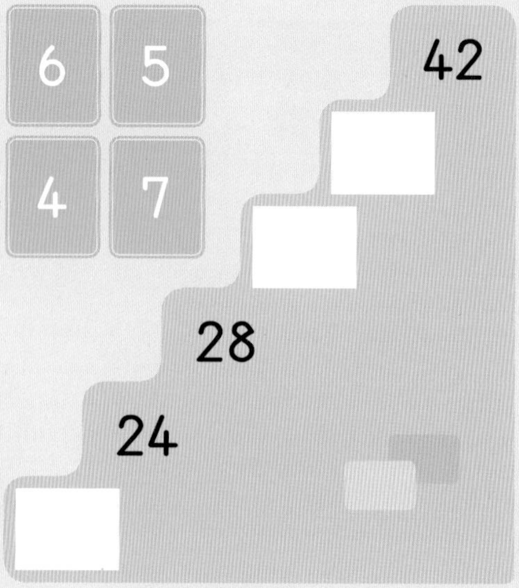

⊕ 숫자 카드를 두 장씩 곱하여 나온 수를 작은 수부터 차례로 써넣으시오

❶

❷

❸

468 곱셈 가르고 모으기

◐ 선으로 연결된 두 수의 곱을 빈칸에 써넣으시오.

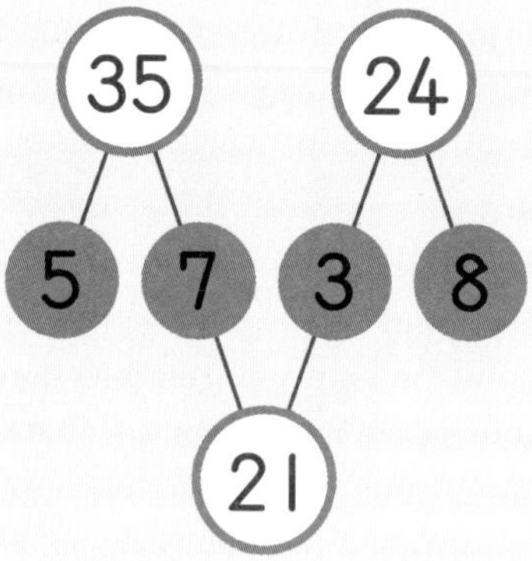

❶

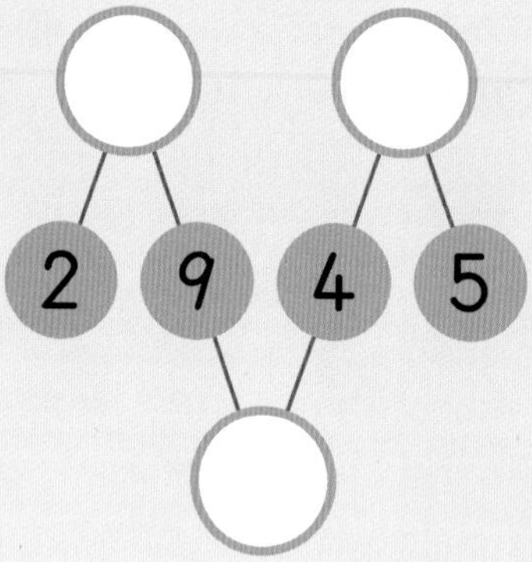

❷

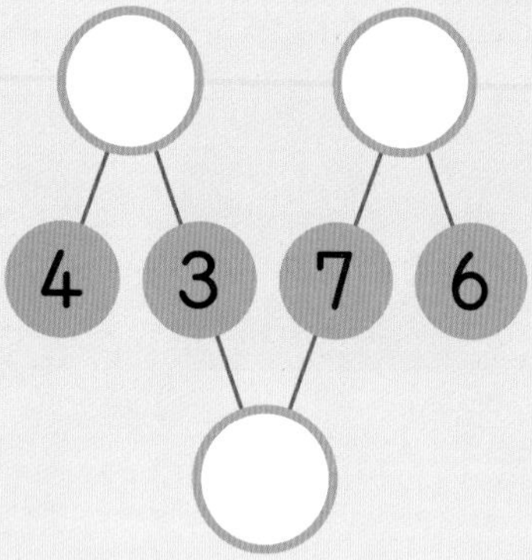

❸

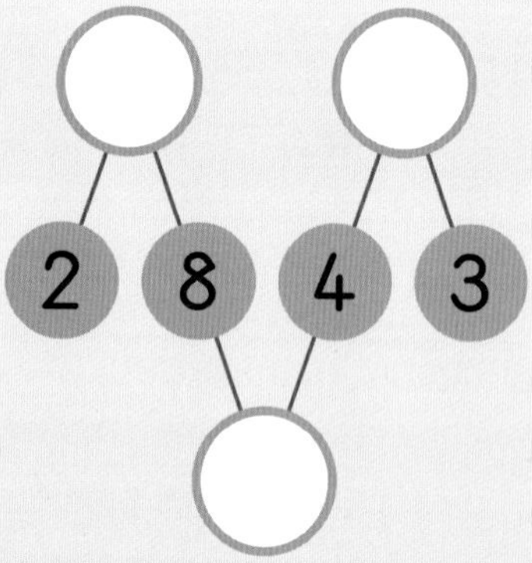

❹

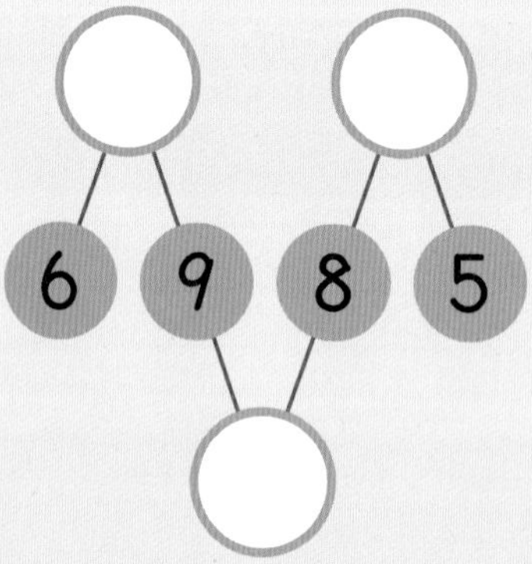

❺

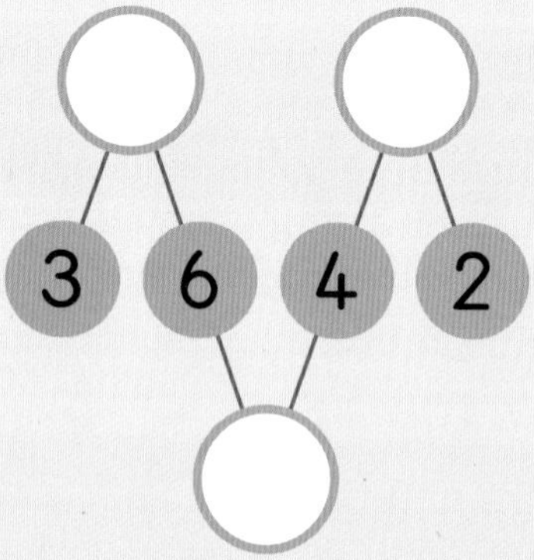

❻

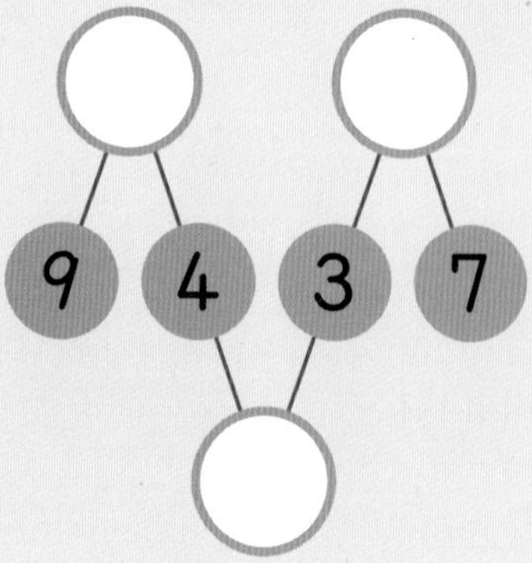

❼

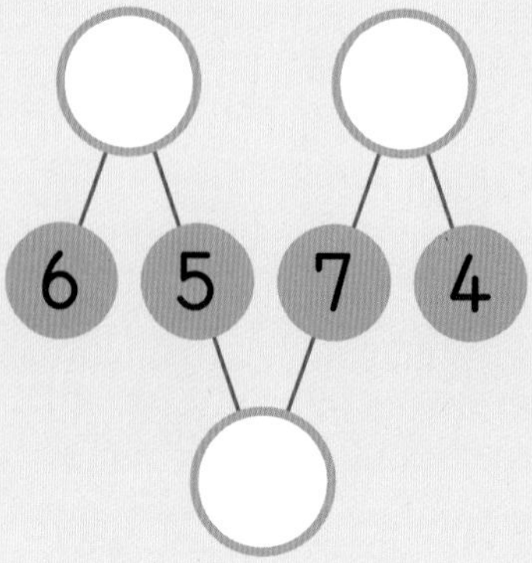

❽

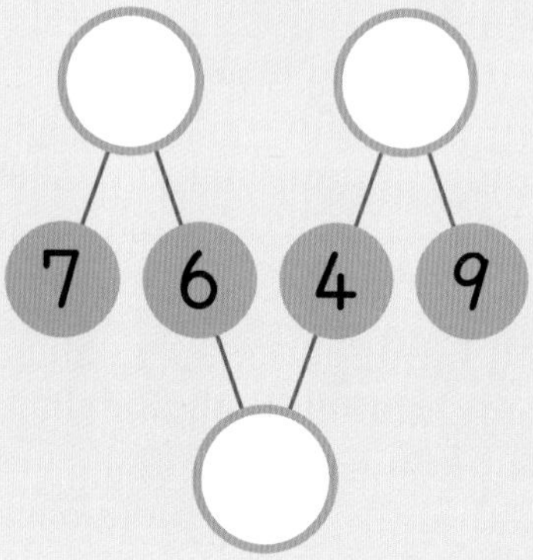

월 일

◆ 빈칸에 알맞은 수를 써넣으시오.

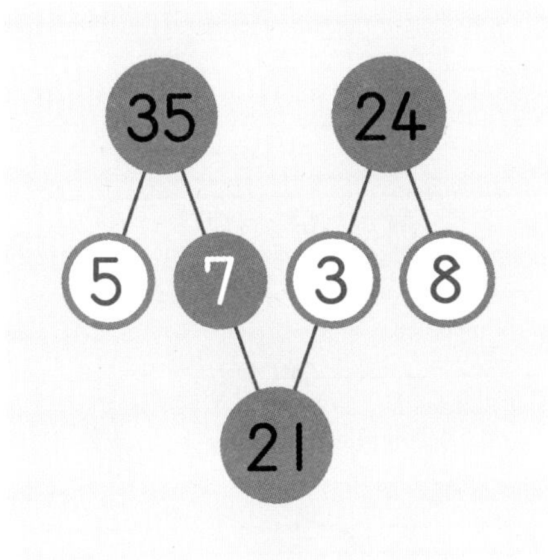

❶

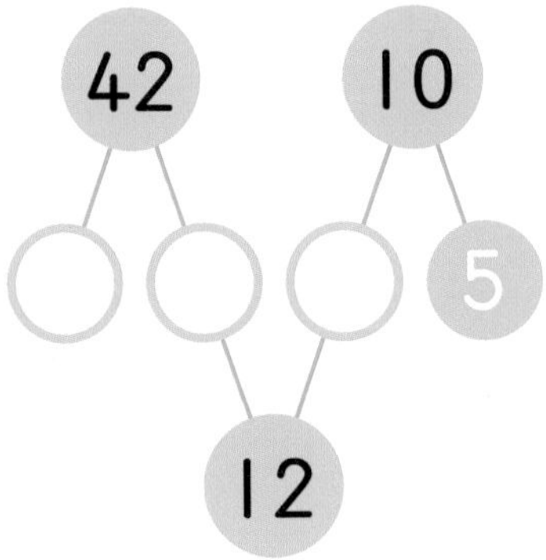

❷

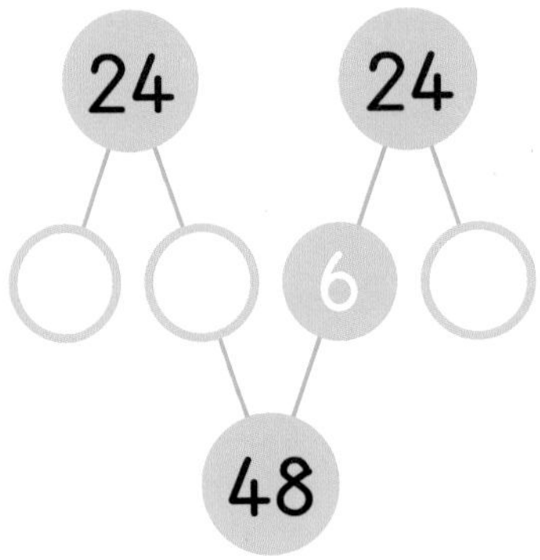

❸

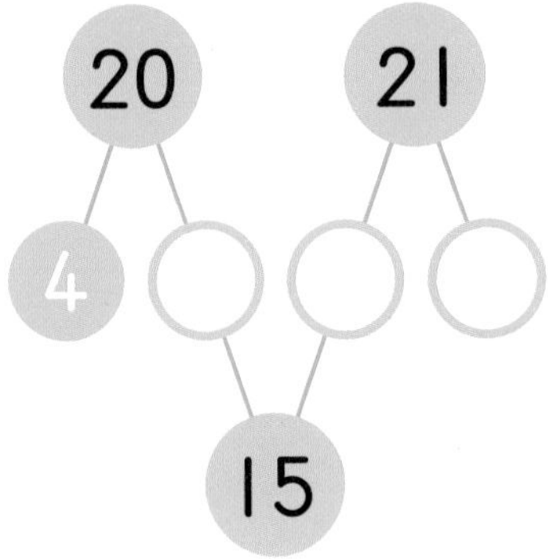

❹

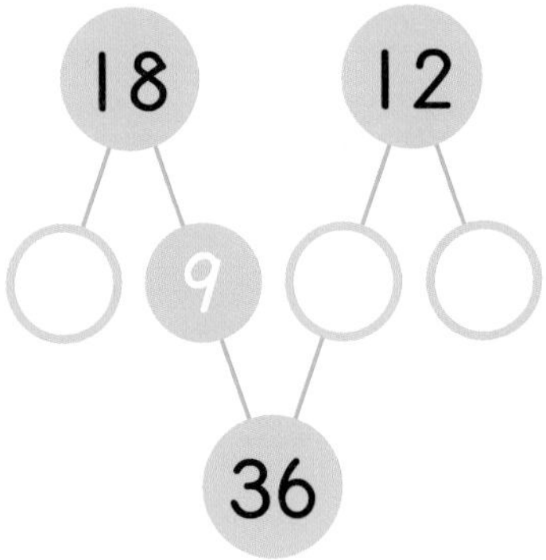

❺

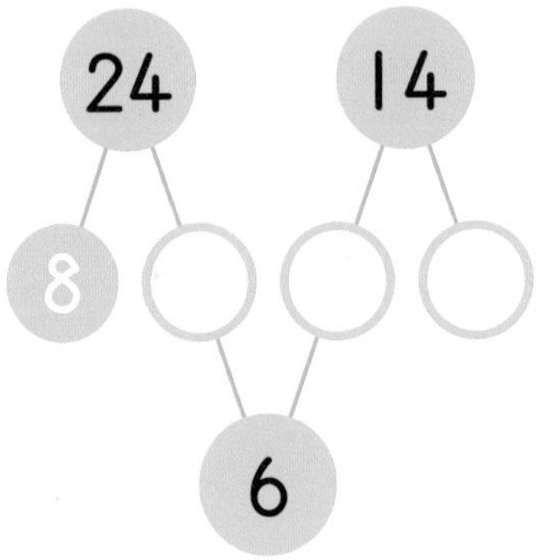

❻

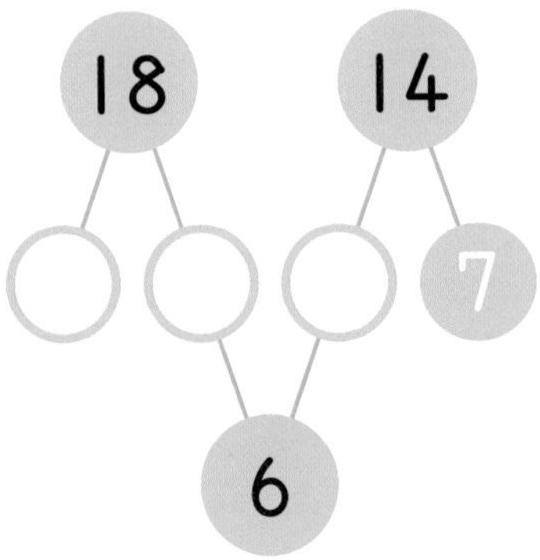

❼

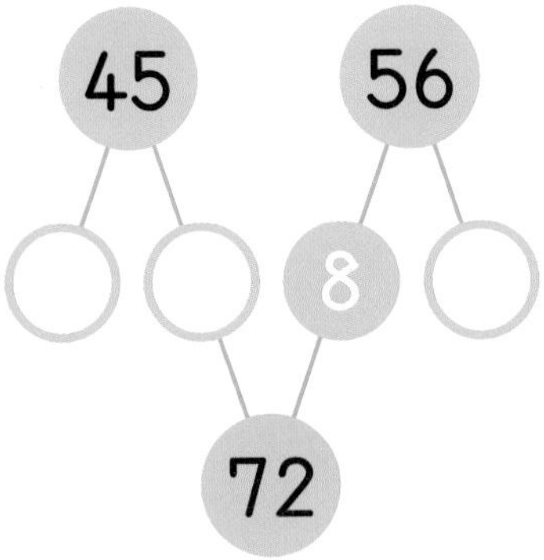

❽

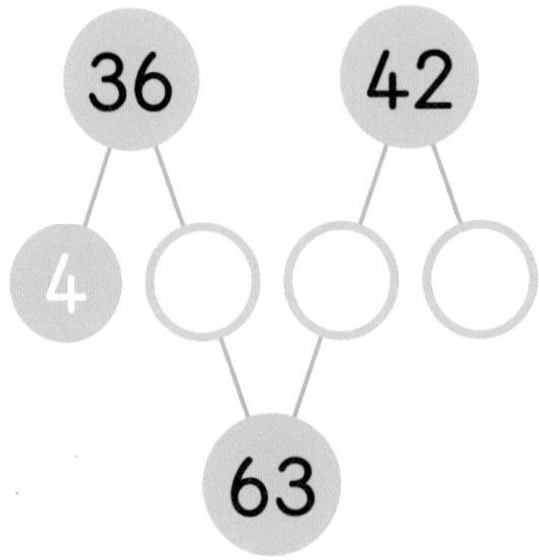

잘 공부했는지 알아봅시다

월 일

1 곱이 홀수로 커지는 곱셈구구는 몇 단인지 모두 찾아보시오.

2 곱이 같은 것끼리 선으로 이으시오.

4×6 •	• 6×9
9×6 •	• 4×3
6×2 •	• 8×3

3 숫자 카드를 두 장씩 곱하여 나온 수를 작은 수부터 차례로 써넣으시오.

3 8 4 2

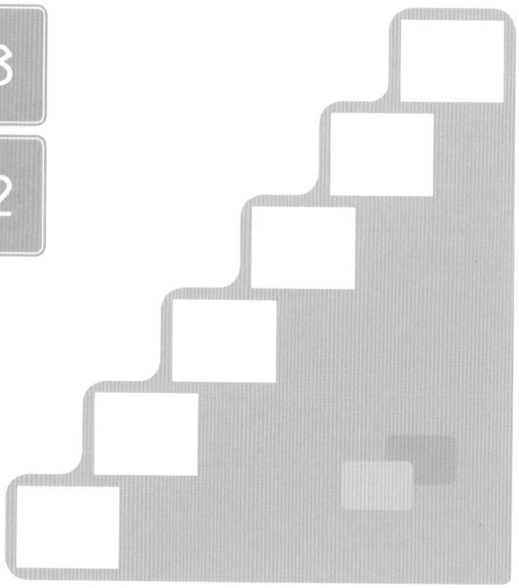

4 ㉠과 ㉡의 곱을 구하시오.

7×㉠=56 ㉡×4=36

6 곱셈구구 (2)

469 곱셈표

◐ 가로, 세로로 곱하여 빈칸에 알맞은 수를 써넣으시오.

×	4	6	2
8	32	48	16
9	36	54	18
3	12	18	6

❶

×	7	9	5
3			
7			
8			

❷

×	6	5	3
7			
4			
2			

❸

×	4	6	3
4			
8			
6			

❹

×	8	4	5
5			
3			
9			

❺

×	5	7	6
2			
4			
8			

◆ 곱셈표의 빈칸에 알맞은 수를 써넣으시오.

×	9	5	8
6	54	30	48
7	63	35	56
2	18	10	16

❶

×		4	
3	21		
2			10
	56		40

❷

×		8	9
		24	
6	24		
			45

❸

×	7	4	
5	35		
		4	
8			16

❹

×	7		5
4		36	
2			
	56		

❺

×	2	3	
7			28
		24	
			24

470 바람개비 연산

◐ 가로, 세로로 두 수의 곱을 빈칸에 써넣으시오.

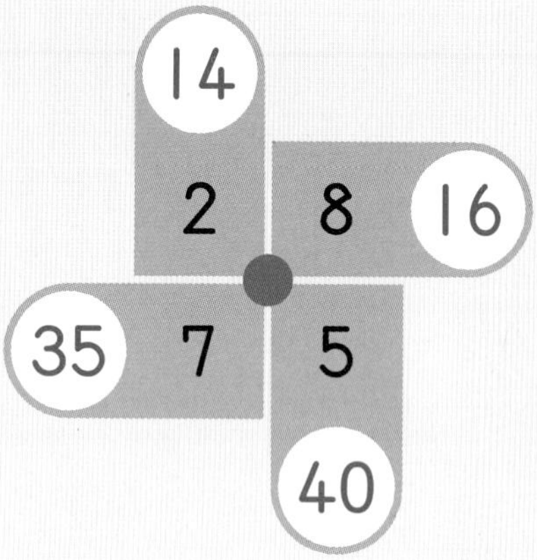

❶

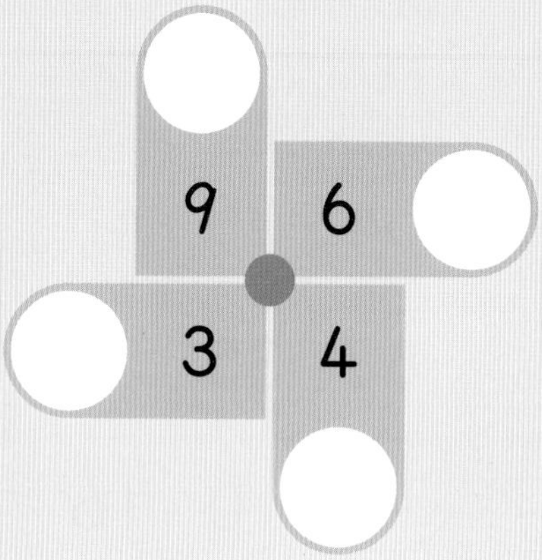

❷

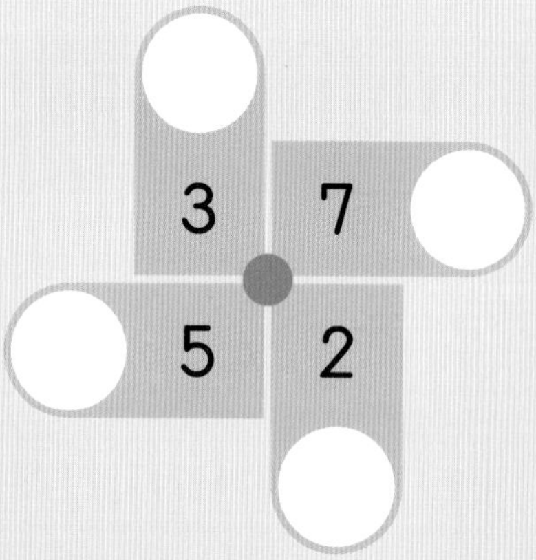

❸

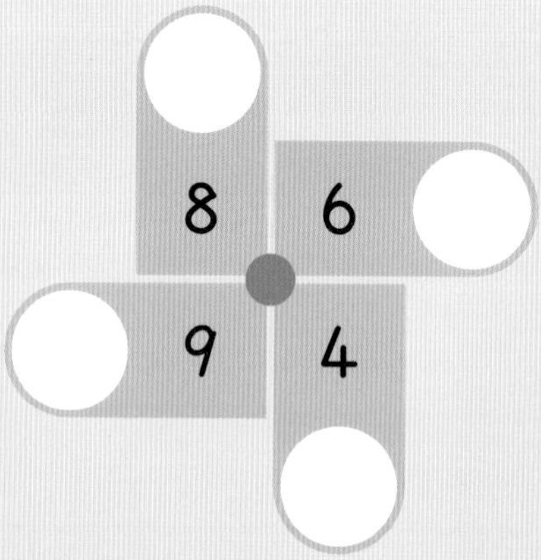

❹

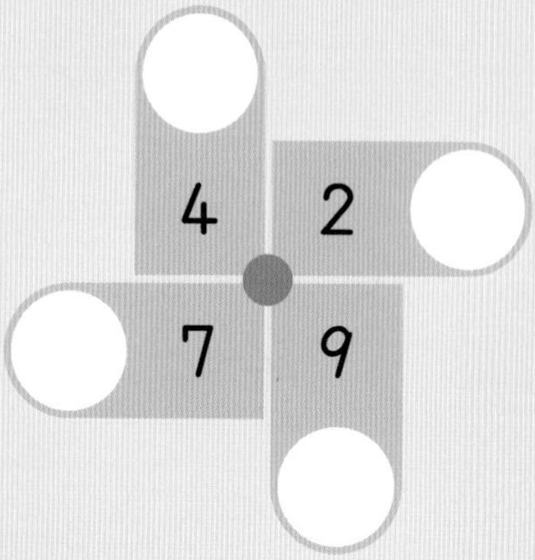

❺

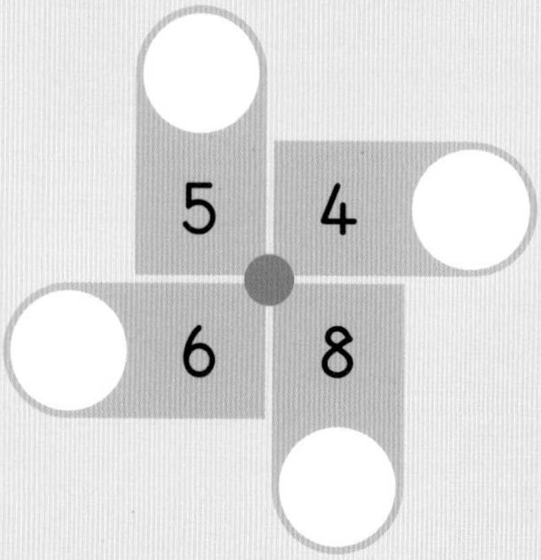

◆ 빈칸에 알맞은 수를 써넣으시오.

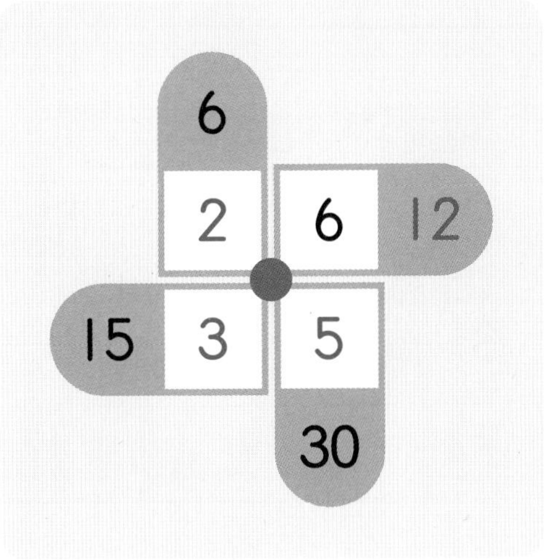

❶

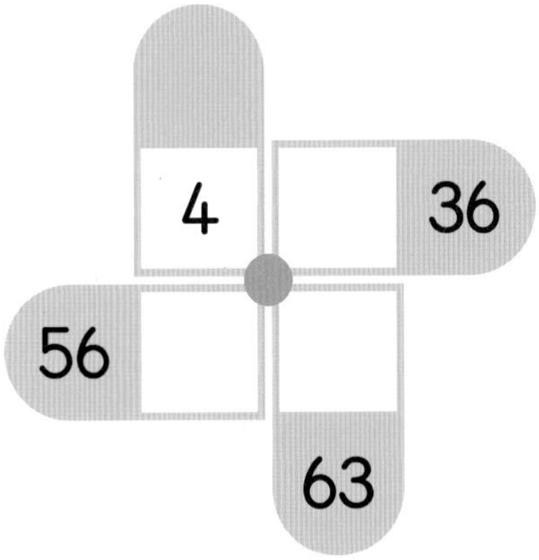

❷

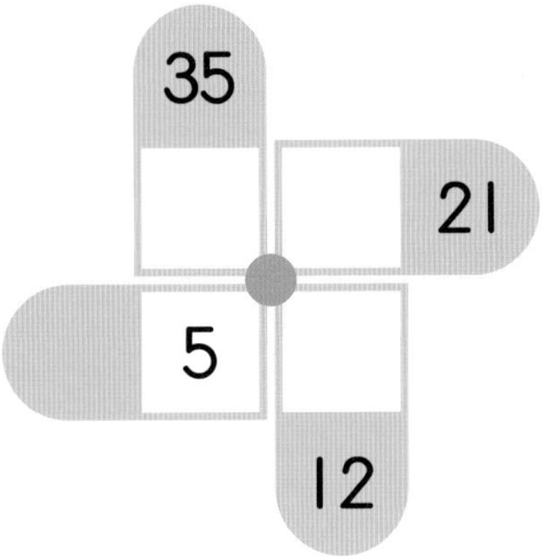

❸

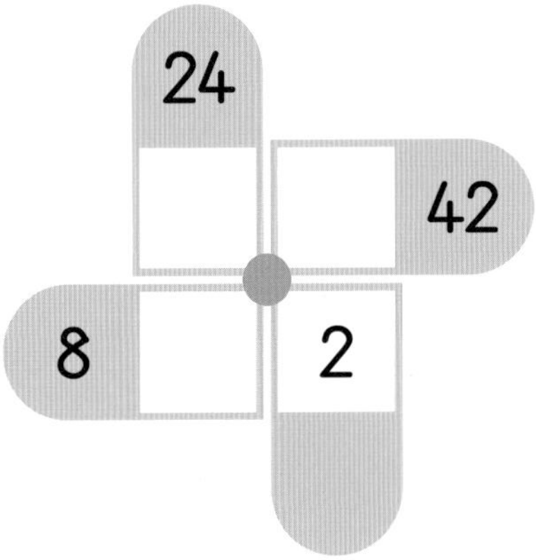

❹

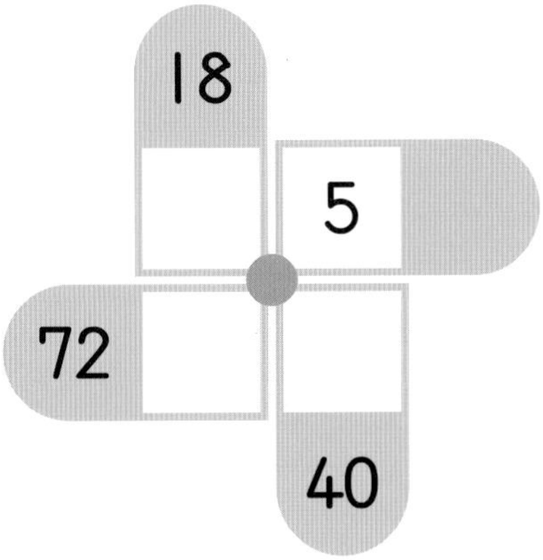

❺

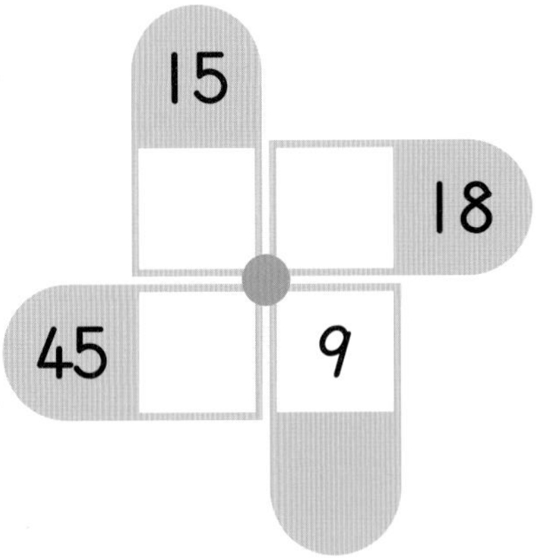

471 매트릭스 곱셈

◐ 가로, 세로로 두 수씩 곱해 빈칸에 알맞은 수를 써넣으시오.

5		5	25
	9	8	72
7	2		14
35	18	40	×

❶

	4	3	
6	9		
8		7	
			×

❷

	5	1	
2		7	
6	3		
			×

❸

8	4		
	7	5	
2		9	
			×

❹

8		3	
	4	2	
8	6		
			×

❺

	9	2	
7	8		
3		5	
			×

월 일

◆ 1부터 9까지의 수 중 서로 다른 수를 써넣어 매트릭스를 완성하시오.

6	7		42
2		3	6
	9	5	45
12	63	15	×

❶

			32
			63
			18
24	27	56	×

❷

			10
			48
			21
30	24	14	×

❸

			24
			20
			54
36	40	18	×

❹

			28
			27
			16
72	14	12	×

❺

			18
			15
			42
54	6	35	×

472 벌집셈

◐ 벌집 안 두 수의 곱을 빈칸에 써넣으시오.

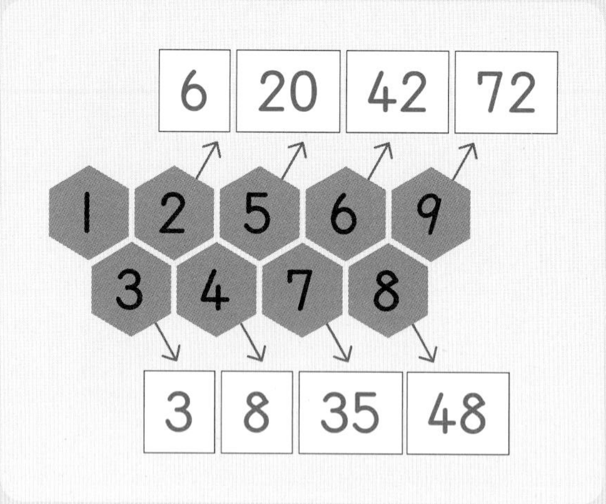

❶

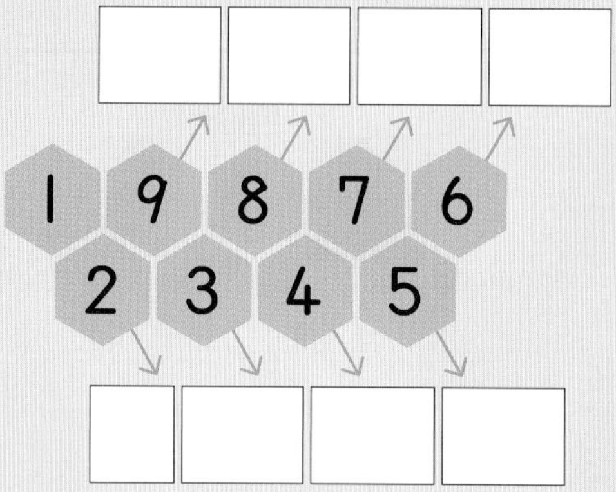

❷

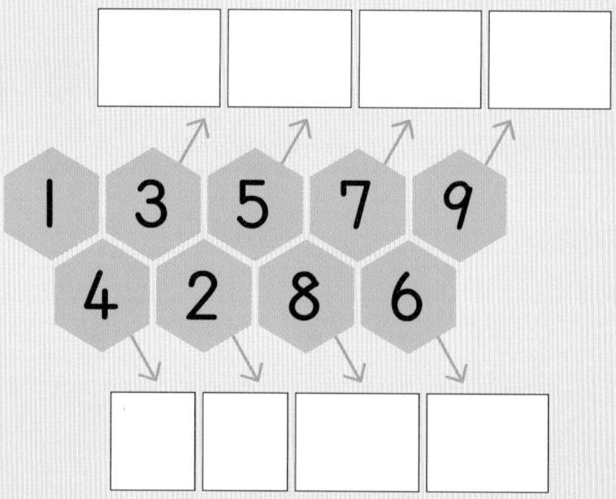

❸

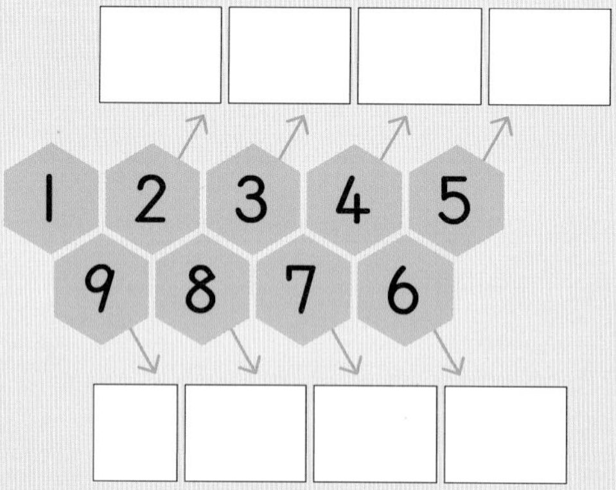

❹

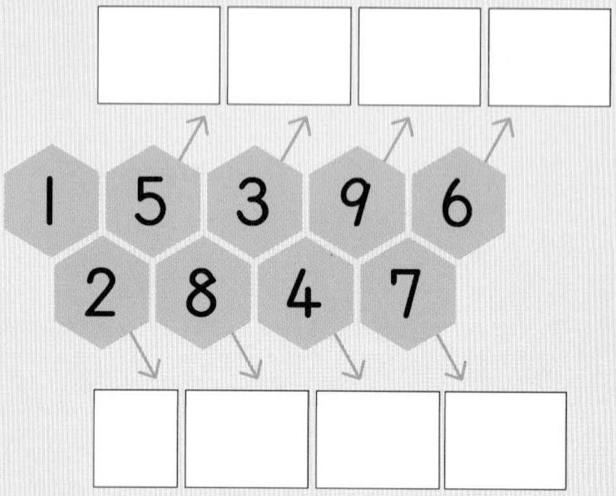

❺

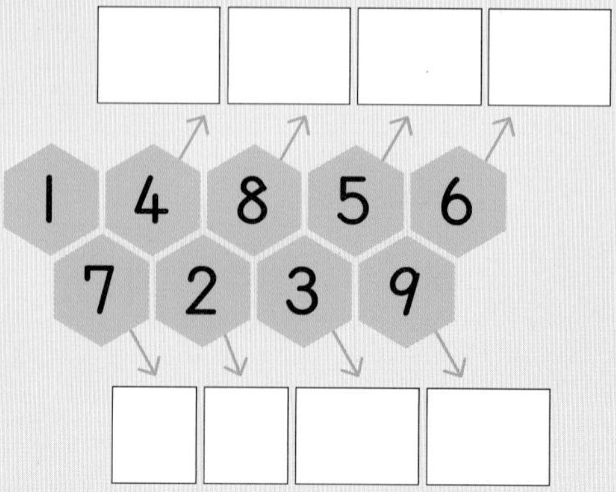

⊕ 두 수의 곱에 맞게 1에서 9까지의 수를 하나씩 벌집 안에 써넣으시오.

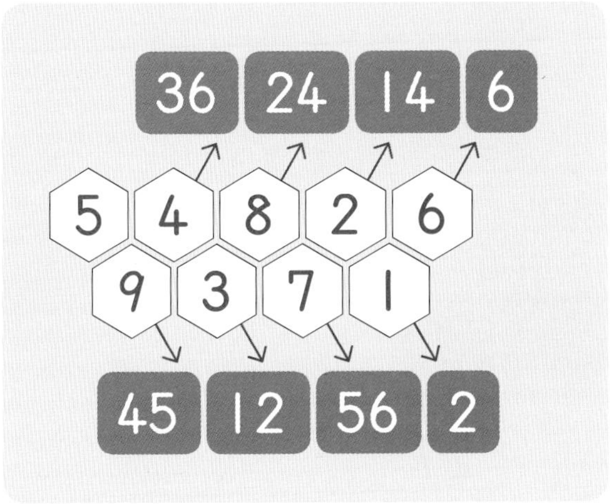

❶

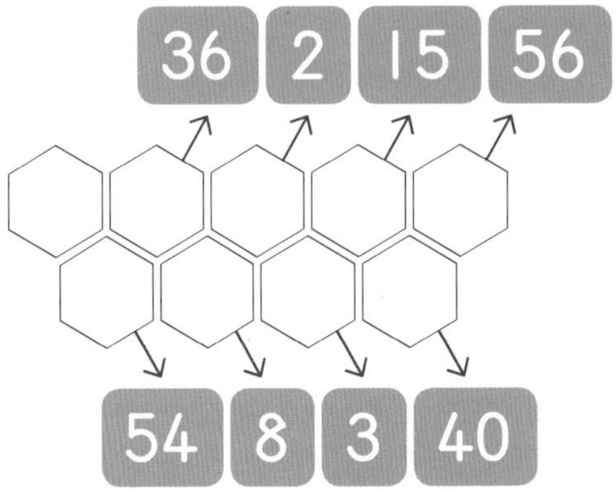

❷

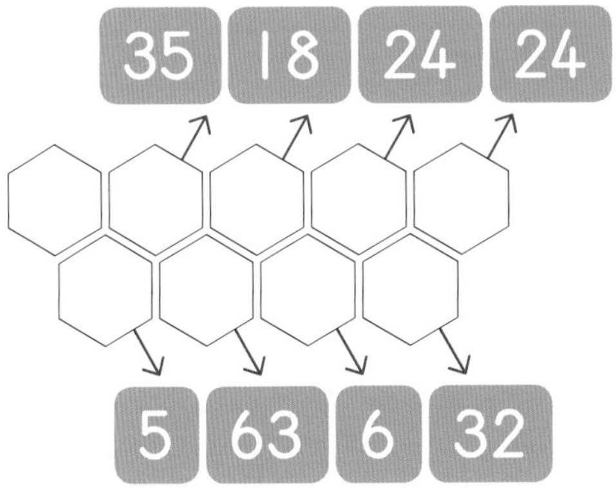

❸

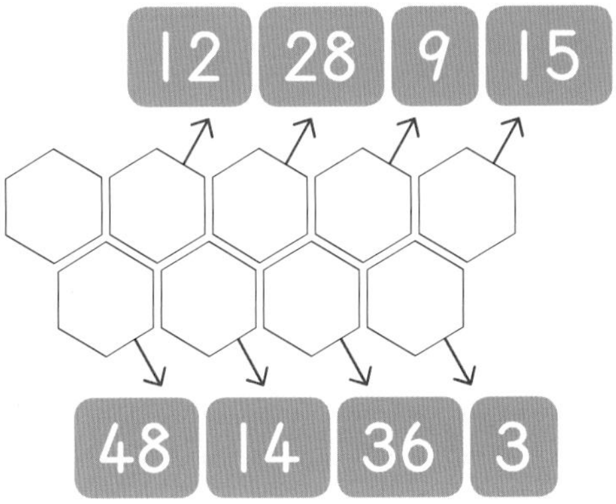

❹

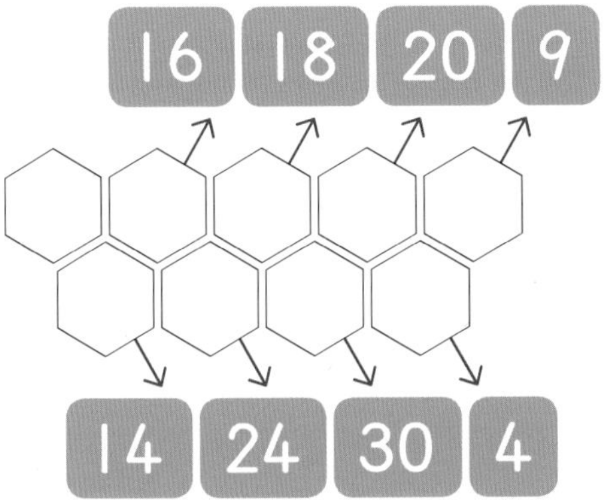

❺

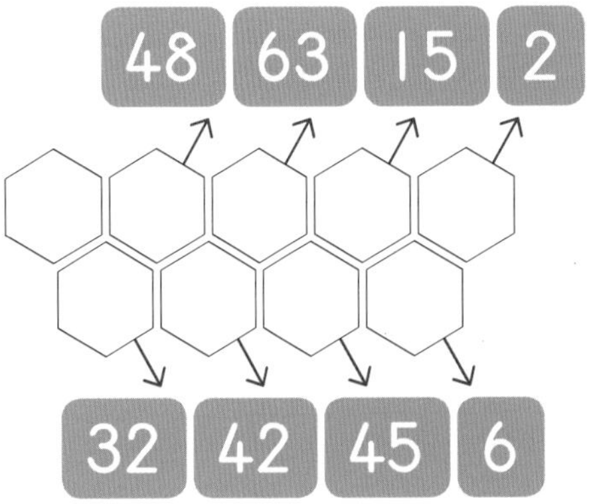

잘 공부했는지 알아봅시다

월 일

1 2×9와 곱이 같은 곱셈구구를 모두 찾아보시오.

2 빈칸에 알맞은 수를 써넣어 곱셈표를 완성하시오.

×		6		9
3	6			27
		48	56	
5	10			45
4			28	

3 선으로 연결된 두 수의 곱이 위의 수입니다. 빈칸에 알맞은 수를 써넣으시오.

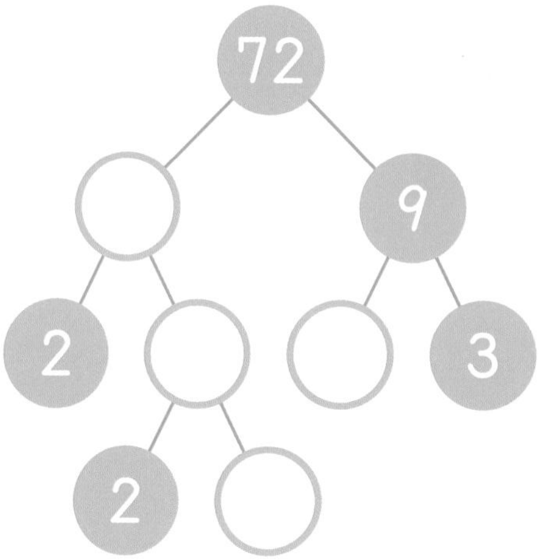

7 곱셈 문제 해결 (1)

473 사다리 타기

◐ 사다리 타기를 하여 빈칸에 알맞은 수를 써넣으시오.

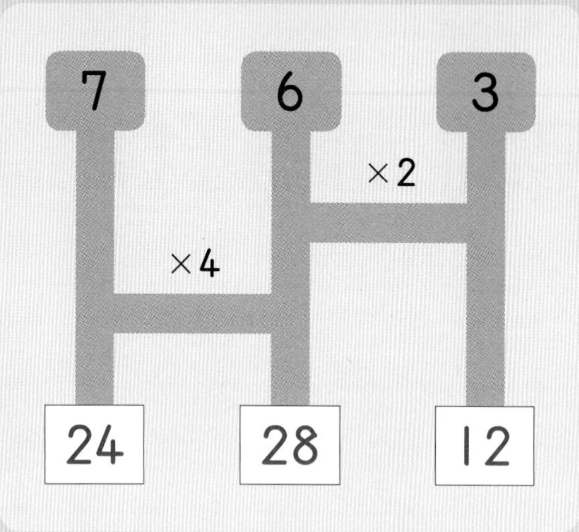

❶

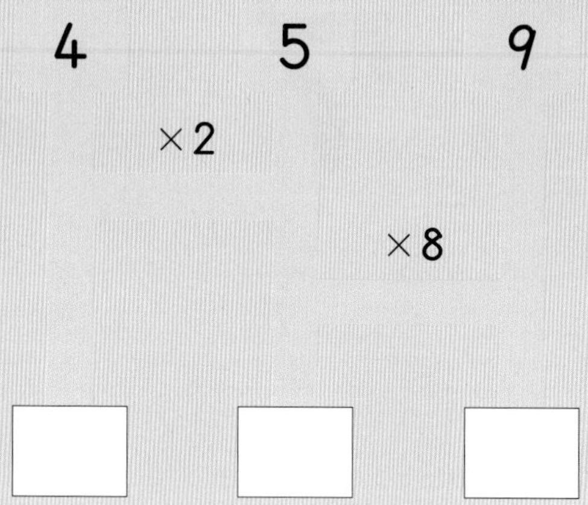

❷

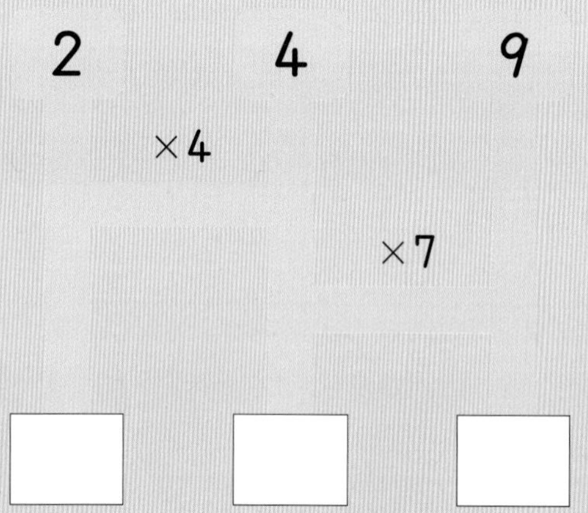

❸

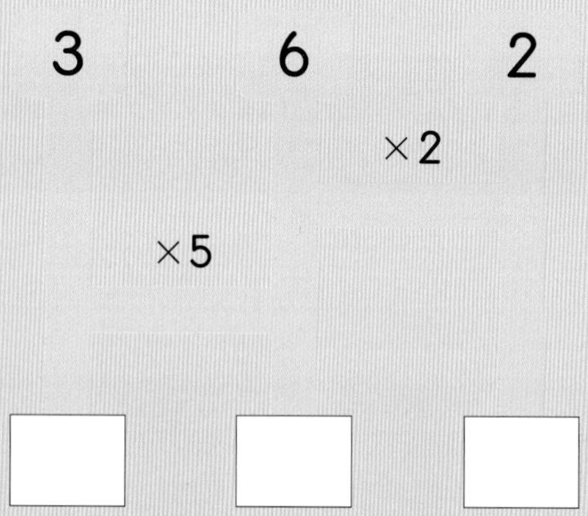

❹

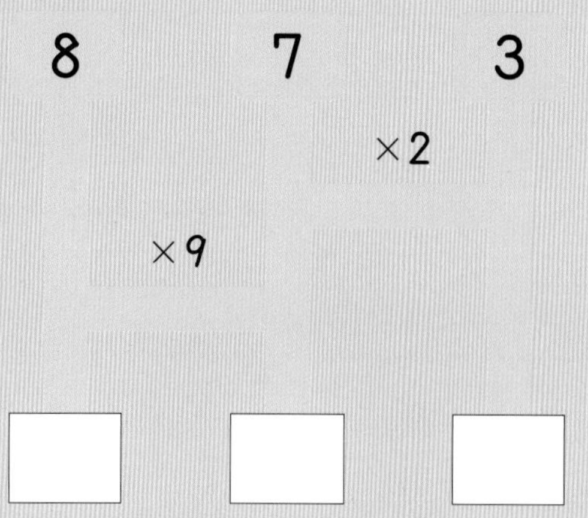

❺

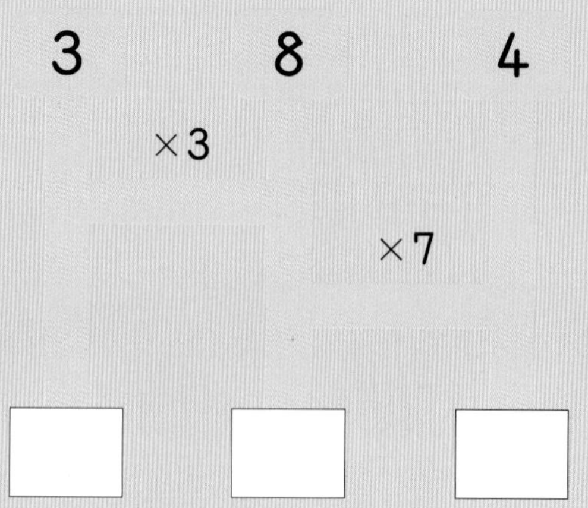

◆ 빈칸에 알맞은 수를 써넣으시오.

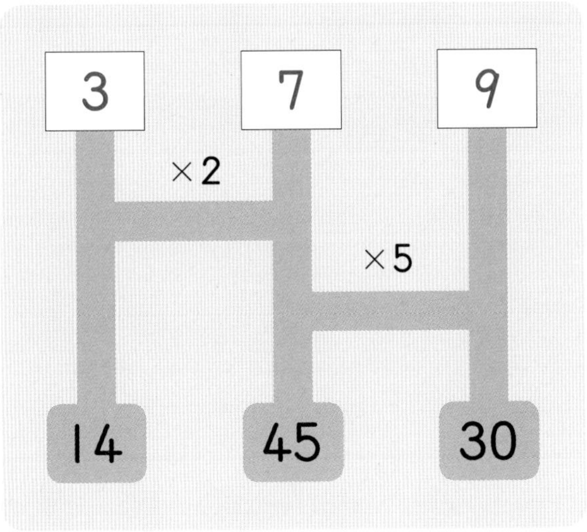

❶

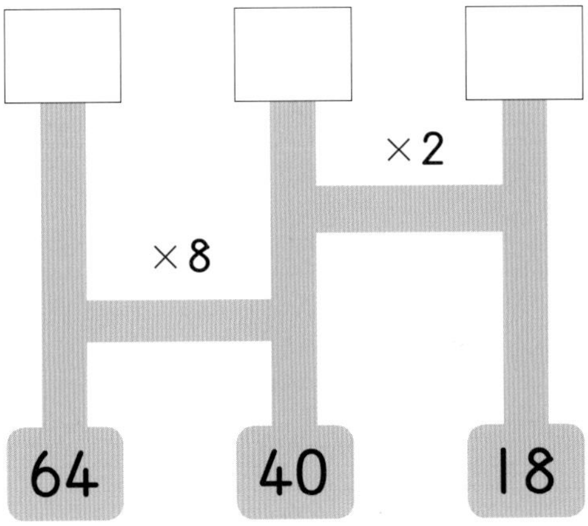

❷

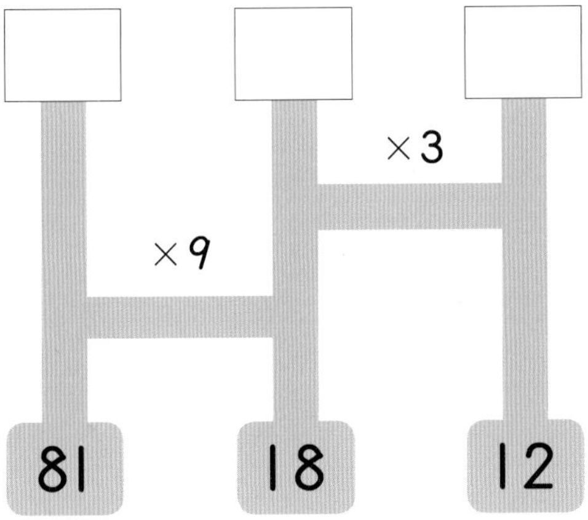

❸

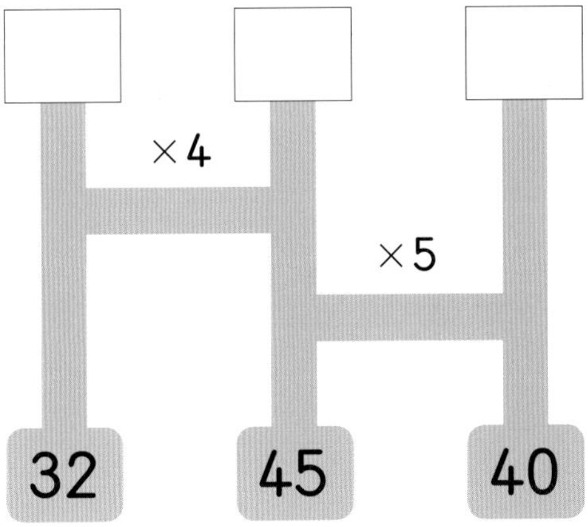

❹

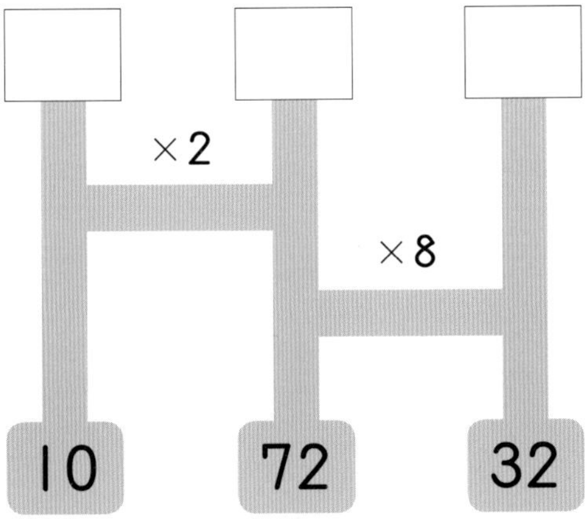

❺

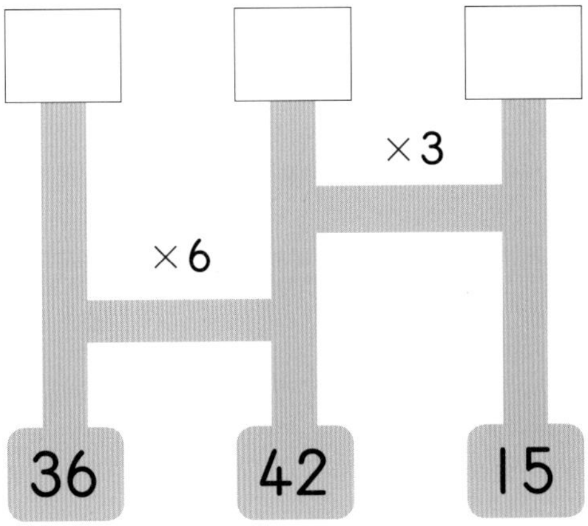

474 벤 다이어그램

◐ 주어진 수 중 각 단의 곱을 그림에 맞게 써넣으시오.

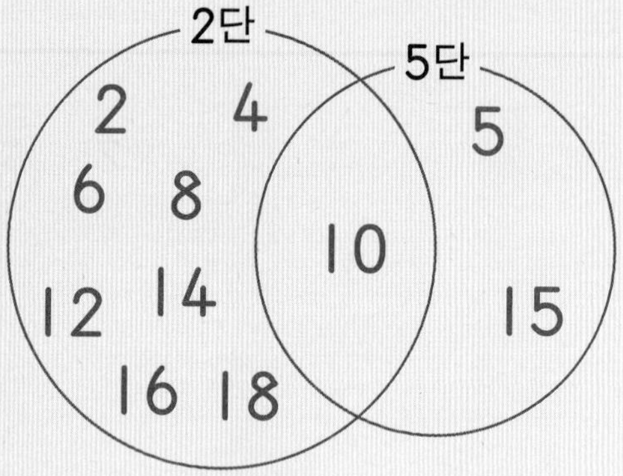

2 4 5 6 8 10
12 14 15 16 18

❶

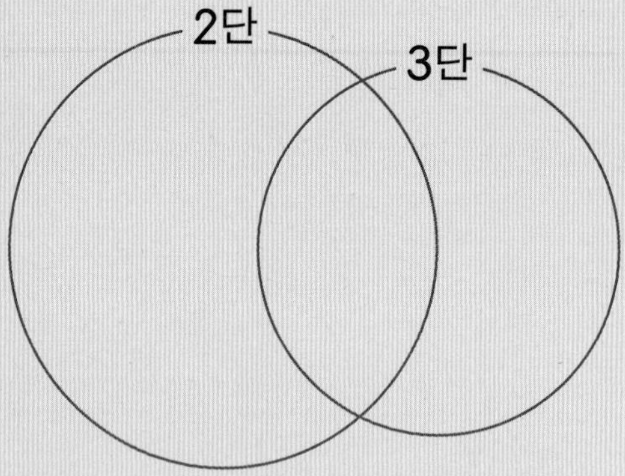

2 3 4 6 8 9
10 12 14 15 16 18

❷

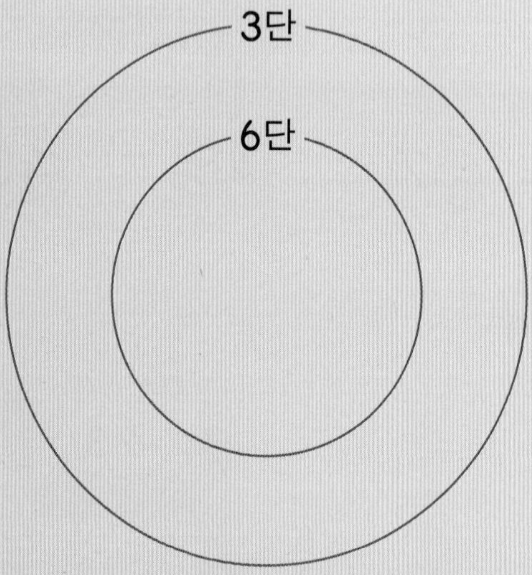

3 6 9 12 15
18 21 24 27

❸

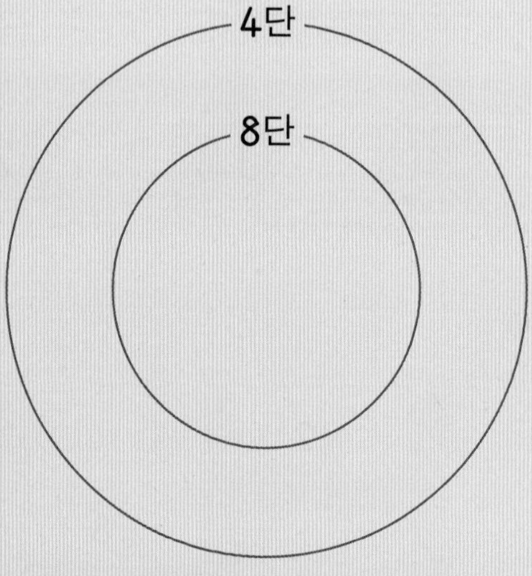

4 8 12 16 20
24 28 32 36

주어진 수 중 각 단의 곱을 그림에 맞게 써넣으시오.

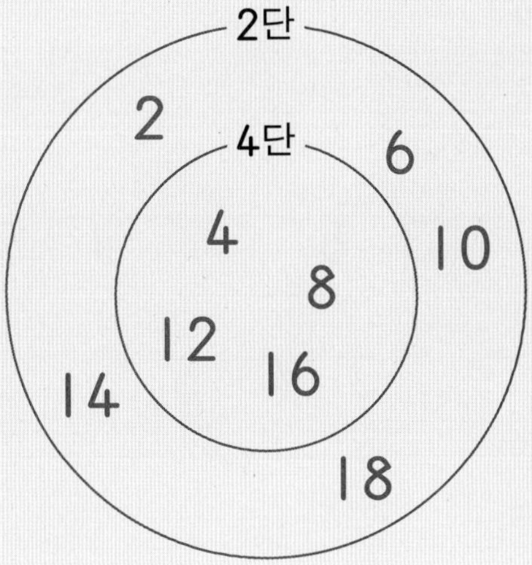

2 4 6 8 10
12 14 16 18

❶

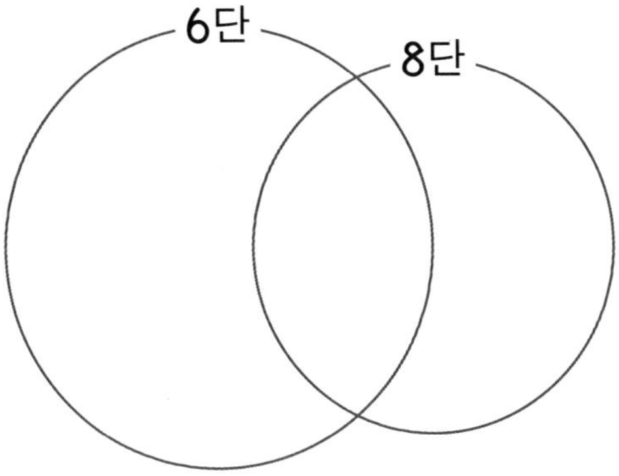

6 8 12 16 18
24 30 32 36 40

❷

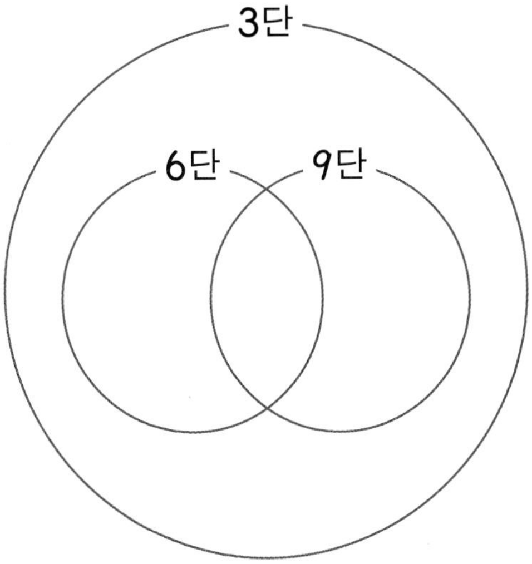

3 6 9 12 15
18 21 24 27

❸

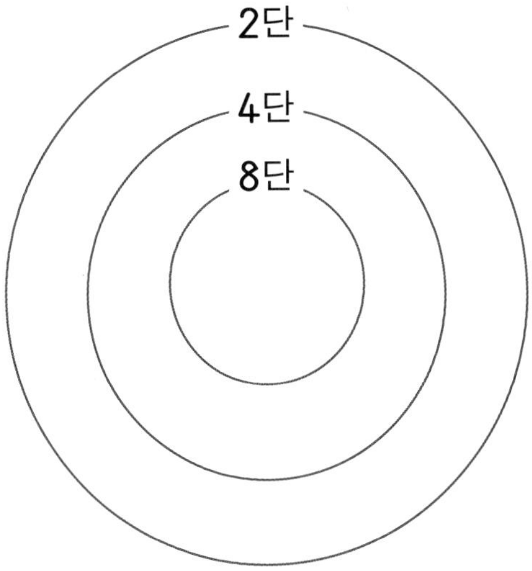

2 4 6 8 10
12 14 16 18

475 연속 벌레셈

◐ 곱셈식에 맞게 [ ] 안의 수를 하나씩 써넣으시오.

(예시)

$$\begin{array}{r} \boxed{2} \\ \times\ \boxed{7} \\ \hline 1\ 4 \end{array} \qquad \begin{array}{r} \boxed{6} \\ \times\ \boxed{8} \\ \hline 4\ 8 \end{array}$$

2 6 7 8

❶

$$\begin{array}{r} \square \\ \times\ \square \\ \hline 3\ 6 \end{array} \qquad \begin{array}{r} \square \\ \times\ \square \\ \hline 1\ 5 \end{array}$$

3 4 5 9

❷

$$\begin{array}{r} \square \\ \times\ \square \\ \hline 2\ 4 \end{array} \qquad \begin{array}{r} \square \\ \times\ \square \\ \hline 4\ 0 \end{array}$$

4 5 6 8

❸

$$\begin{array}{r} \square \\ \times\ \square \\ \hline 2\ 1 \end{array} \qquad \begin{array}{r} \square \\ \times\ \square \\ \hline 1\ 8 \end{array}$$

2 3 7 9

❹

$$\begin{array}{r} \square \\ \times\ \square \\ \hline 3\ 5 \end{array} \qquad \begin{array}{r} \square \\ \times\ \square \\ \hline 2\ 7 \end{array}$$

3 5 7 9

❺

$$\begin{array}{r} \square \\ \times\ \square \\ \hline 1\ 2 \end{array} \qquad \begin{array}{r} \square \\ \times\ \square \\ \hline 3\ 2 \end{array}$$

2 4 6 8

⊕ 곱셈식에 맞게 2에서 9까지의 수를 하나씩만 써넣으시오.

5 × 6 = 30	2 × 4 = 8	3 × 9 = 27	7 × 8 = 56

❶

□ × □ = 45	□ × □ = 28	□ × □ = 16	□ × □ = 18

❷

□ × □ = 24	□ × □ = 12	□ × □ = 28	□ × □ = 45

❸

□ × □ = 32	□ × □ = 18	□ × □ = 63	□ × □ = 10

476 모양 개수

◐ ●의 개수를 구하시오.

전체 개수 5 × 7 = 35 (개)

●의 개수 3 × 3 = 9 (개)

●의 개수 35 − 9 = 26 (개)

❶

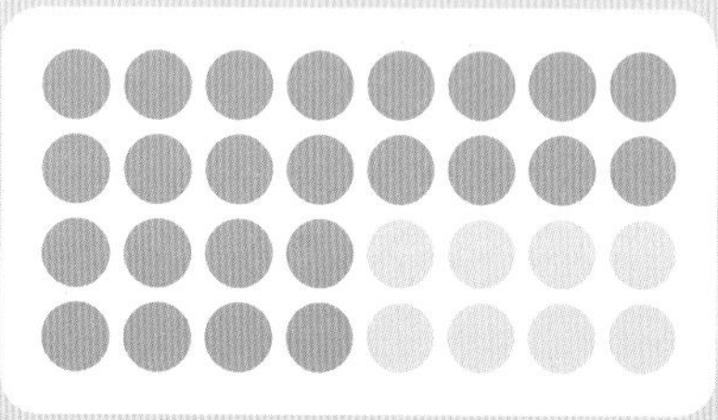

전체 개수 □ × □ = □ (개)

의 개수 □ × □ = □ (개)

●의 개수 □ − □ = □ (개)

❷

전체 개수 □ × □ = □ (개)

의 개수 □ × □ = □ (개)

●의 개수 □ − □ = □ (개)

❸

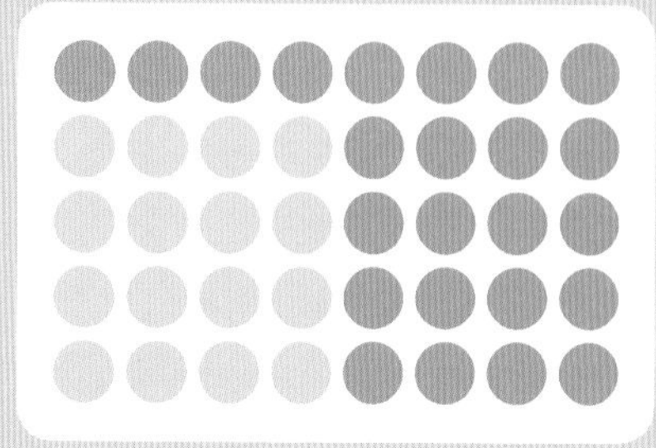

전체 개수 □ × □ = □ (개)

의 개수 □ × □ = □ (개)

●의 개수 □ − □ = □ (개)

모양의 개수를 구하시오.

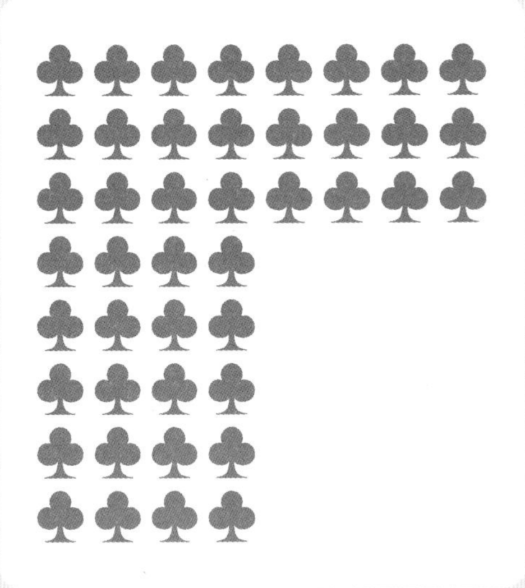

64 − 20 = 44 (개)

❶

☐ − ☐ = ☐ (개)

❷

☐ − ☐ = ☐ (개)

❸

☐ − ☐ = ☐ (개)

잘 공부했는지 알아봅시다

월 일

1 몇 개입니까?

2 다음 곱셈식에 맞게 2에서 9까지의 수를 하나씩만 써넣으시오.

□ × □ = 54　　□ × □ = 40

□ × □ = 12　　□ × □ = 14

3 다음 칠해진 곳에 들어갈 수를 모두 쓰시오.

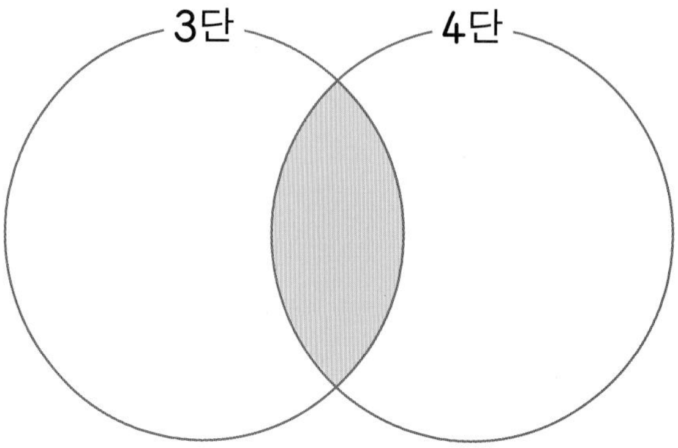

8 곱셈 문제 해결 (2)

477 두루마리

◐ 조건에 맞는 수를 찾아 ○표 하시오.

- 6의 단 곱셈구구에 나오는 수입니다.
- 숫자 중의 하나는 2입니다.
- 8의 단 곱셈구구에도 나오는 수입니다.

48
42 (24)
16

❶

- 2, 3의 단 곱셈구구에 모두 나오는 수입니다.
- 4×4보다 작습니다.
- 4의 단 곱셈구구에도 나오는 수입니다.

16
12 18
24

❷

- 8의 단 곱셈구구에 나오는 수입니다.
- 일의 자리 숫자가 4입니다.
- 5×5보다 큽니다.

16
40 64
24

조건에 맞는 수를 ○ 안에 쓰시오.

- 3, 9의 단 곱셈구구에 모두 나오는 수입니다.
- 6×4보다 작습니다.
- 홀수입니다.

9

❶

- 5의 단 곱셈구구에 나오는 수입니다.
- 8×3보다 작습니다.
- 숫자 중의 하나는 2입니다.

❷

- 6×6보다 작습니다.
- 같은 두 수를 곱했을 때의 값입니다.
- 짝수인 두 자리 수입니다.

478 합곱 두 수

◐ 두 수의 합은 위에, 곱은 아래에 써넣으시오.

	합	두 수	곱
예	14	6, 8	48
❶		7, 7	
❷		5, 9	
❸		5, 7	
❹		4, 8	
❺		3, 9	
❻		6, 9	
❼		3, 8	
❽		6, 6	

월 일

⊕ 합과 곱에 맞게 두 수를 작은 수부터 써넣으시오.

	합	곱	두 수
(예)	10	21	3, 7
❶	13	36	□, □
❷	11	18	□, □
❸	8	12	□, □
❹	10	24	□, □
❺	10	9	□, □
❻	11	30	□, □
❼	8	16	□, □
❽	15	54	□, □

모양셈

◐ 같은 모양은 같은 수, 다른 모양은 다른 수입니다. 빈칸을 채우시오.

7 × □(9) = 63

○(5) × 4 = 16+4

□(9) × ○(5) = ◇(45)

❶ □ × 8 = 56

9 × ○ = 18+9

□ × ○ = ◇

❷ 5 × □ = 45

○ × 6 = 54−6

□ × ○ = ◇

❸ □ × 4 = 28

8 × ○ = 48−8

□ × ○ = ◇

❹ 3 × □ = 21+3

○ × □ = 40

○ × ◇ = 45

❺ □ × 7 = 35+7

□ × ○ = 18

○ × ◇ = 24

◆가 나타내는 수를 □ 안에 써넣으시오.

6 × ♠ = 36
♣ × 3 = 21+3
♠ × ♣ = ◆
◆ = 48

❶
♠ × 7 = 49
8 × ♣ = 32+8
♠ × ♣ = ◆
◆ = □

❷
3 × ♠ = 27
♣ × 8 = 32−8
♠ × ♣ = ◆
◆ = □

❸
♠ × 6 = 30
7 × ♣ = 35−7
♠ × ♣ = ◆
◆ = □

❹
9 × ♠ = 72+9
♣ × ♠ = 54
♣ × ◆ = 42
◆ = □

❺
♠ × 8 = 48+8
♠ × ♣ = 35
♣ × ◆ = 40
◆ = □

480 연속수

◐ 1, 2, 3과 같이 연속되어 있는 수를 연속수라 합니다. 연속수의 합을 곱셈을 이용하여 구하시오.

5+6+7+8+9=7+7+7+7+7=7×[5]=35

❶ 1+2+3=2+2+2=2×[ ]=[ ]

❷ 5+6+7=6+6+6=[ ]×3=[ ]

❸ 1+2+3+4+5=3+3+3+3+3=3×[ ]=[ ]

❹ 2+3+4=[ ]×[ ]=[ ]

❺ 7+8+9=[ ]×[ ]=[ ]

❻ 2+3+4+5+6=[ ]×[ ]=[ ]

◆ 곱셈을 연속수의 합으로 나타내시오.

$21=7\times3=7+7+7=\boxed{6}+\boxed{7}+\boxed{8}$

❶ $12=4\times3=4+4+4=\square+\square+\square$

❷ $24=8\times3=8+8+8=\square+\square+\square$

❸ $30=6\times5=6+6+6+6+6=\square+\square+\square+\square+\square$

❹ $15=3\times5=3+3+3+3+3=\square+\square+\square+\square+\square$

❺ $18=6\times3=\square+\square+\square$

❻ $9=3\times3=\square+\square+\square$

잘 공부했는지 알아봅시다

월 일

1 다음은 어떤 수인지 구하시오.

나는 어떤 수일까요?

- 3의 단 곱셈구구에 나오는 수입니다.
- 2×5와 5×2를 더한 값보다 큽니다.
- 6×4보다 작습니다.

2 숫자 카드 두 장이 있습니다. 카드에 적힌 두 수의 합은 13, 두 수의 곱은 36입니다. 카드에 적힌 두 수를 구하시오.

3 달력의 일부입니다. 칠해진 수를 모두 더하면 얼마입니까? 곱셈식으로 나타내시오.

일	월	화	수	목	금	토
					1	2
3	4	5	6	7	8	9
10	11	12	13	14	15	16

식 : ______________________ 답 : ________

MEMO

MEMO

사고셈

정답 및 해설
Guide Book

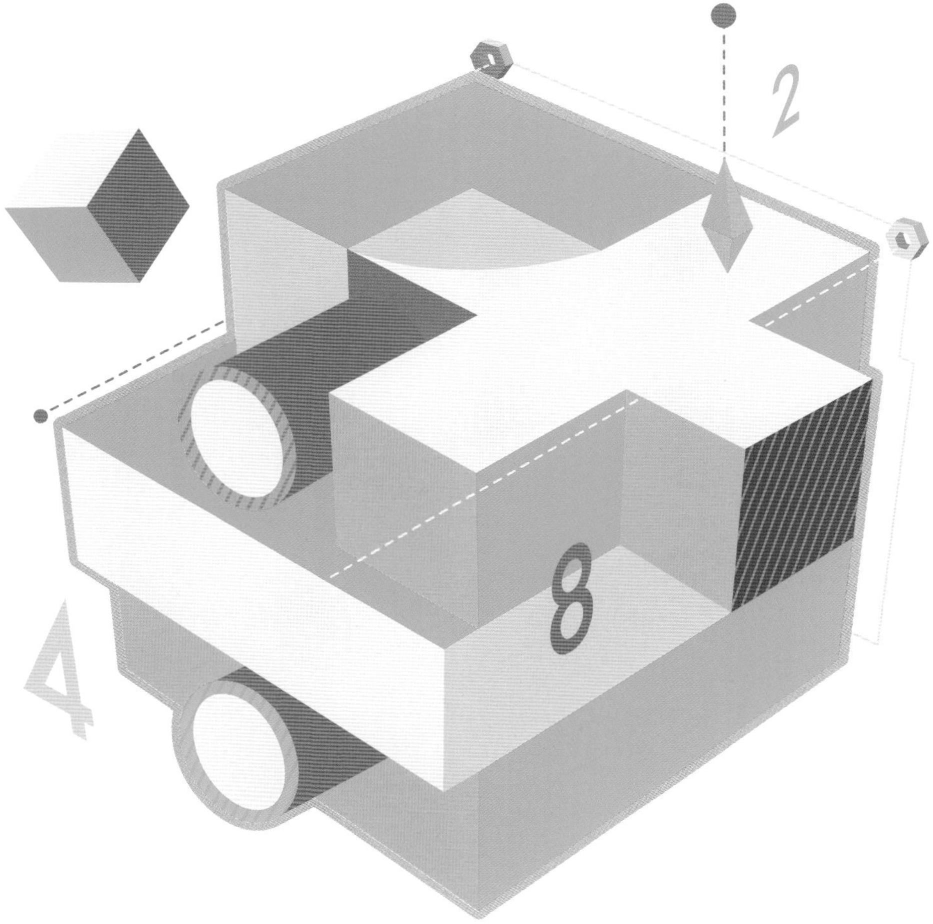

초등2 3호

곱셈구구

NE 능률

449 묶어 세기

월 일

◆ 안의 수만큼 묶어 세어 보시오.

2: 2 – 4 – 6 – 8 – 10 – 12 – 14 – 16 – 18

❶ 5: 5 – 10 – 15 – 20 – 25 – 30 – 35 – 40 – 45

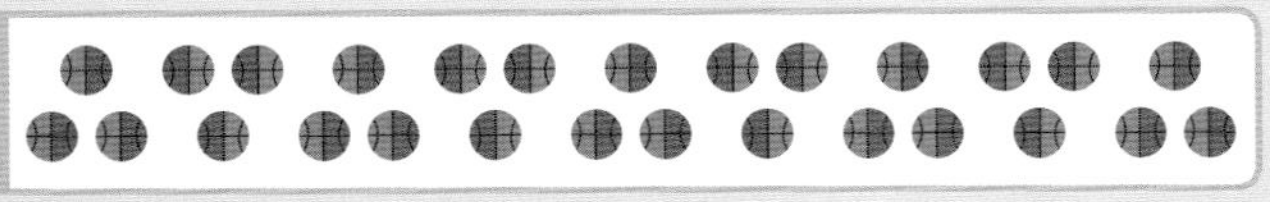

❷ 3: 3 – 6 – 9 – 12 – 15 – 18 – 21 – 24 – 27

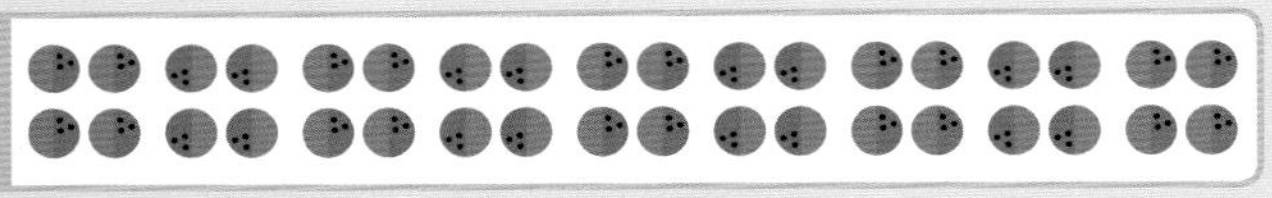

❸ 4: 4 – 8 – 12 – 16 – 20 – 24 – 28 – 32 – 36

◆ 몇 개입니까? 두 가지 방법으로 묶어 세어 보시오.

3 – 6 – 9 – 12
4 – 8 – 12

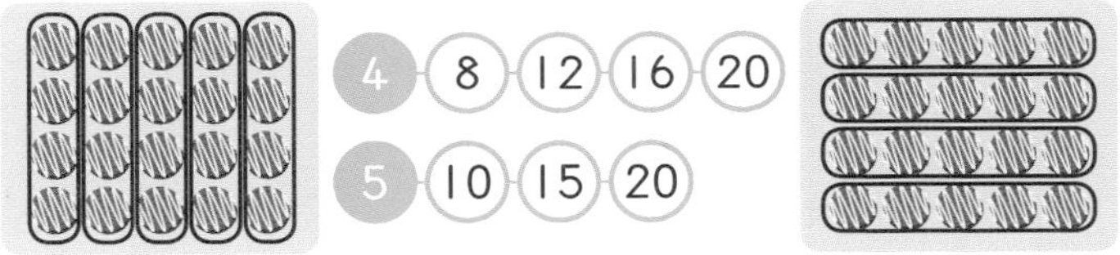

❶ 4 – 8 – 12 – 16 – 20
5 – 10 – 15 – 20

❷ 2 – 4 – 6 – 8
4 – 8

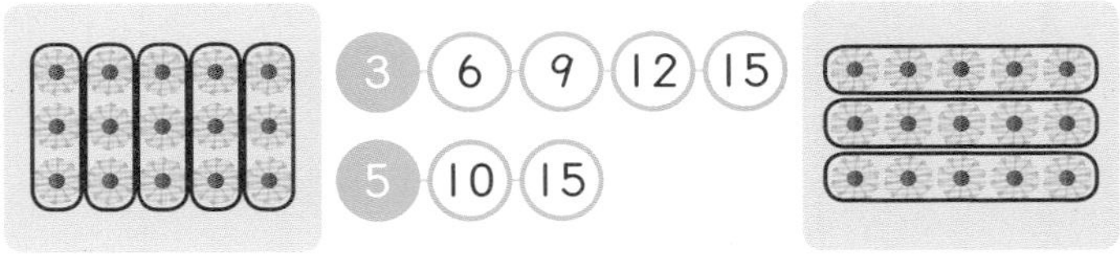

❸ 3 – 6 – 9 – 12 – 15
5 – 10 – 15

450 뛰어 세기

◐ 빈칸에 알맞은 수를 써넣으시오.

0, 3, 6, 9, 12, 15, 18

❶ 0, 2, 4, 6, 8, 10, 12, 14, 16, 18, 20

❷ 0, 5, 10, 15, 20

❸ 0, 4, 8, 12, 16, 20

❹ 0, 3, 6, 9, 12, 15, 18

월 일

◐ 빈칸에 알맞은 수를 써넣으시오.

3, 6, 9
0, 2, 4, 6, 8

❶ 2, 4, 6, 8, 10, 12
0, 3, 6, 9, 12

❷ 3, 6, 9, 12, 15, 18, 21, 24
0, 4, 8, 12, 16, 20, 24

❸ 5, 10, 15, 20, 25
0, 4, 8, 12, 16, 20, 24

❹ 3, 6, 9, 12, 15, 18, 21, 24
0, 5, 10, 15, 20, 25

451 덧셈식과 곱셈식

월 일

◐ 그림을 보고 빈칸에 알맞은 수를 써넣으시오.

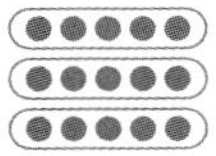

5씩 3묶음은 15 입니다.

5의 3배는 15 입니다.

덧셈식으로 나타내면
5 + 5 + 5 = 15

곱셈식으로 나타내면
5 × 3 = 15

❶

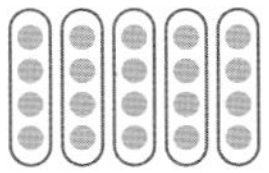

4씩 5묶음은 20 입니다.

4의 5배는 20 입니다.

덧셈식으로 나타내면
4 + 4 + 4 + 4 + 4 = 20

곱셈식으로 나타내면
4 × 5 = 20

❷

2씩 4묶음은 8 입니다.

2의 4배는 8 입니다.

덧셈식으로 나타내면
2 + 2 + 2 + 2 = 8

곱셈식으로 나타내면
2 × 4 = 8

❸

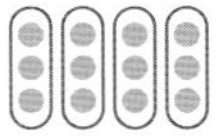

3씩 4묶음은 12 입니다.

3의 4배는 12 입니다.

덧셈식으로 나타내면
3 + 3 + 3 + 3 = 12

곱셈식으로 나타내면
3 × 4 = 12

덧셈과 곱셈의 관계를 통해 곱셈의 원리를 알 수 있습니다.

◈ □ 안에 알맞은 수를 써넣으시오.

4+4+4= 12
4× 3 = 12

❶ 3+3+3+3+3= 15
3× 5 = 15

❷ 5+5+5+5= 20
5× 4 = 20

❸ 2+2+2+2+2+2= 12
2× 6 = 12

❹ 3+3+3+3= 12
3× 4 = 12

❺ 5+5+5+5+5= 25
5× 5 = 25

❻ 2+2+2= 6
2× 3 = 6

❼ 4+4+4+4+4+4= 24
4× 6 = 24

❽ 5+5= 10
5× 2 = 10

❾ 3+3+3+3+3+3+3= 21
3× 7 = 21

452 점판

◐ □ 안의 점의 수가 나타내는 곱셈식을 두 가지로 나타내시오.

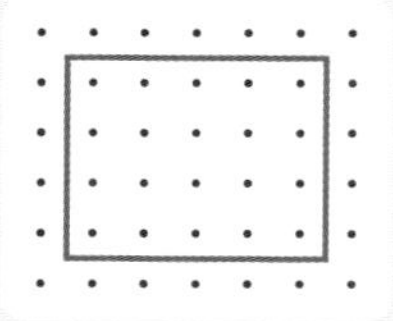

4 × 5 = 20
5 × 4 = 20

❶

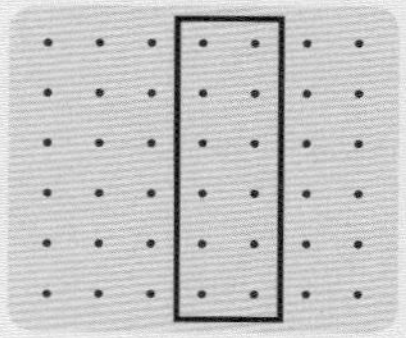

6 × 2 = 12
2 × 6 = 12

❷

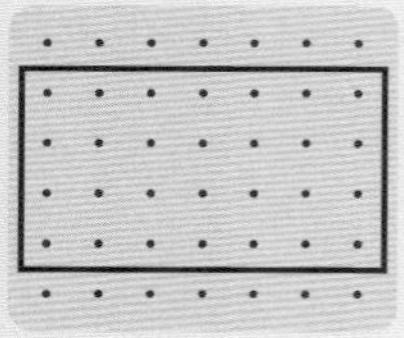

4 × 7 = 28
7 × 4 = 28

❸

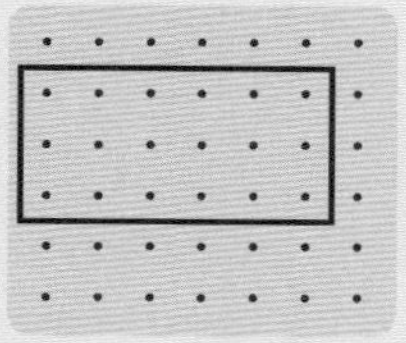

3 × 6 = 18
6 × 3 = 18

❹

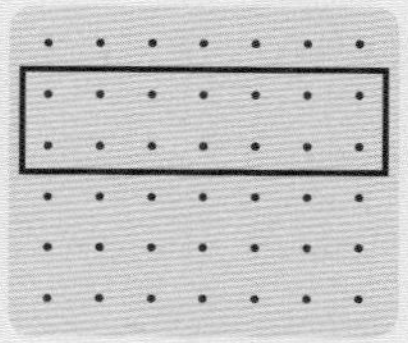

2 × 7 = 14
7 × 2 = 14

❺

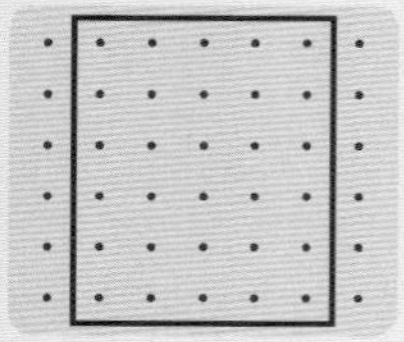

6 × 5 = 30
5 × 6 = 30

월 일

◑ ● 안의 두 수에 맞게 □를 그리고 두 가지 곱셈식으로 나타내시오.

4 6

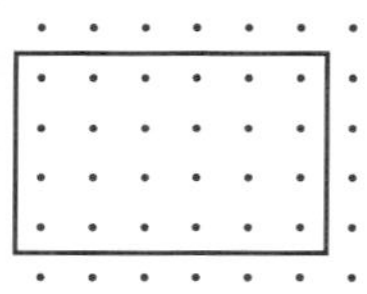

4×6=24
6×4=24

❶ 3 4

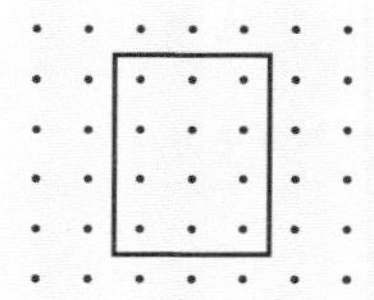

4×3=12
3×4=12

❷ 3 5

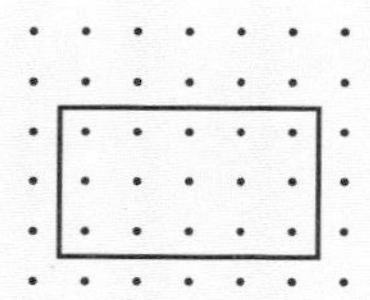

3×5=15
5×3=15

❸ 2 5

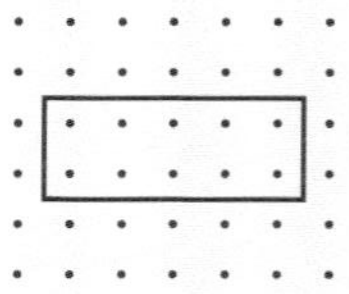

2×5=10
5×2=10

❹ 5 6

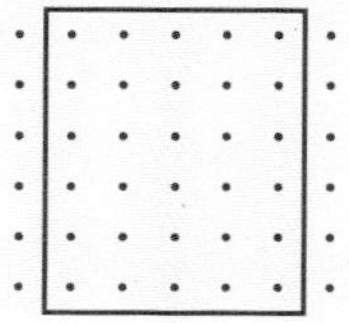

6×5=30
5×6=30

❺ 3 7

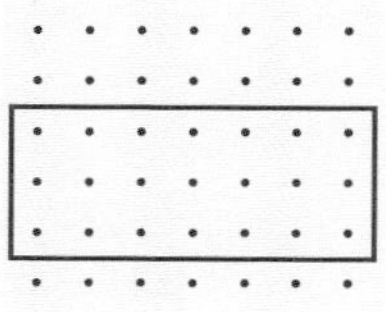

3×7=21
7×3=21

잘 공부했는지 알아봅시다

월 일

1 모두 몇 개인지 묶어 세어 보시오.

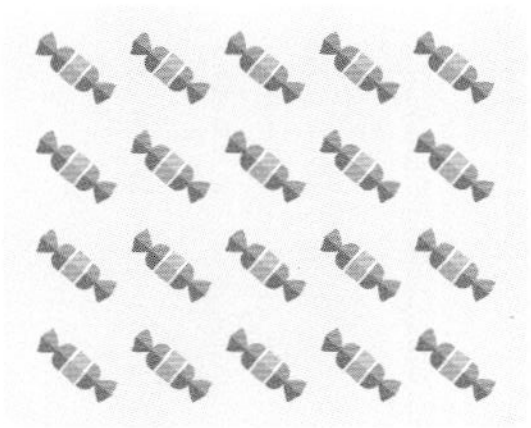

❶ 2씩 몇 묶음입니까? 10묶음

❷ 4씩 몇 묶음입니까? 5묶음

❸ 5씩 몇 묶음입니까? 4묶음

❹ 모두 몇 개입니까? 20개

2 빈칸에 알맞은 수를 써넣으시오.

❶ 3씩 4묶음은 [3] 의 [4] 배입니다.

❷ 3의 4배는 3+3+3+3= [12] 입니다.

❸ 곱셈식으로 나타내면 [3] × [4] = [12] 입니다.

3 빈칸을 알맞게 채우시오.

❶ [3] [6] 9 [12] 15 [18]

0 3×1 3×2 [3×3] 3×4 [3×5] 3×6

❷ [4] 8 [12] 16 [20]

0 4×1 [4×2] 4×3 [4×4] 4×5

453 구구단

월 일

◐ 빈칸에 알맞은 수를 써넣으시오.

×	1	2	3	4	5	6	7	8	9
2	2	4	6	8	10	12	14	16	18

+2 +2 +2 +2 +2 +2 +2 +2

❶

×	1	2	3	4	5	6	7	8	9
5	5	10	15	20	25	30	35	40	45

+5 +5 +5 +5 +5 +5 +5 +5

❷

×	1	2	3	4	5	6	7	8	9
3	3	6	9	12	15	18	21	24	27

+3 +3 +3 +3 +3 +3 +3 +3

❸

×	1	2	3	4	5	6	7	8	9
4	4	8	12	16	20	24	28	32	36

+4 +4 +4 +4 +4 +4 +4 +4

◑ 빈칸에 알맞은 수를 써넣으시오.

×	3	8	5	2
2	6	16	10	4

❶

×	2	7	1	6
5	10	35	5	30

❷

×	5	3	7	9
3	15	9	21	27

❸

×	2	7	8	9
4	8	28	32	36

❹

×	8	7	3	9
5	40	35	15	45

❺

×	9	3	7	6
2	18	6	14	12

❻

×	7	5	1	8
4	28	20	4	32

❼

×	4	9	3	2
3	12	27	9	6

❽

×	9	1	8	7
2	18	2	16	14

❾

×	6	4	5	7
3	18	12	15	21

454 바꾸어 곱하기

월 일

◐ 두 수를 바꾸어 곱한 것입니다. □ 안에 알맞은 수를 써넣으시오.

예시) $2 \times 6 = 12$, $6 \times 2 = 12$

① $3 \times 5 = 15$, $5 \times 3 = 15$

② $4 \times 5 = 20$, $5 \times 4 = 20$

③ $5 \times 6 = 30$, $6 \times 5 = 30$

④ $2 \times 5 = 10$, $5 \times 2 = 10$

⑤ $3 \times 8 = 24$, $8 \times 3 = 24$

⑥ $4 \times 7 = 28$, $7 \times 4 = 28$

⑦ $5 \times 9 = 45$, $9 \times 5 = 45$

⑧ $3 \times 7 = 21$, $7 \times 3 = 21$

⑨ $2 \times 3 = 6$, $3 \times 2 = 6$

⑩ $4 \times 2 = 8$, $2 \times 4 = 8$

⑪ $3 \times 6 = 18$, $6 \times 3 = 18$

곱셈에서는 두 수를 바꾸어 곱해도 그 값은 같습니다.

◑ 주어진 수를 사용하여 곱셈식을 두 개 만드시오.

예시) 2 18 9: $2 \times 9 = 18$, $9 \times 2 = 18$

① 3 7 21: $3 \times 7 = 21$, $7 \times 3 = 21$

② 24 4 6: $4 \times 6 = 24$, $6 \times 4 = 24$

③ 10 5 2: $2 \times 5 = 10$, $5 \times 2 = 10$

④ 4 5 20: $4 \times 5 = 20$, $5 \times 4 = 20$

⑤ 16 2 8: $2 \times 8 = 16$, $8 \times 2 = 16$

⑥ 3 24 8: $3 \times 8 = 24$, $8 \times 3 = 24$

⑦ 5 6 30: $5 \times 6 = 30$, $6 \times 5 = 30$

⑧ 4 8 2: $2 \times 4 = 8$, $4 \times 2 = 8$

455 성문 막기

◐ 관계 있는 것끼리 선으로 이으시오.

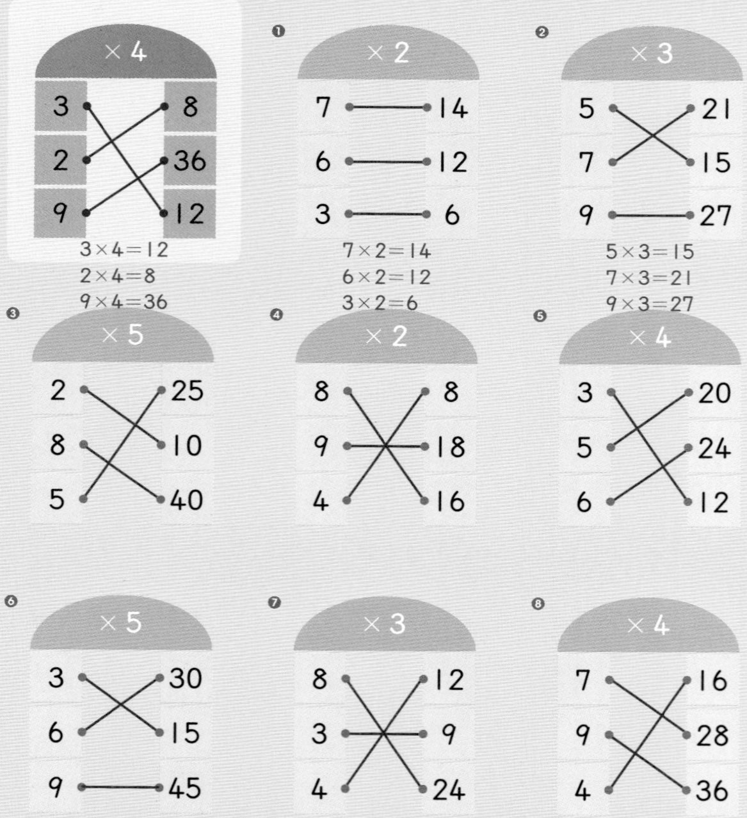

월 일

◆ ○ 안에 알맞은 수를 쓰고 나머지 선 두 개를 그으시오.

선으로 이어진 두 수를 이용하여 ○ 안의 수를 먼저 구합니다.

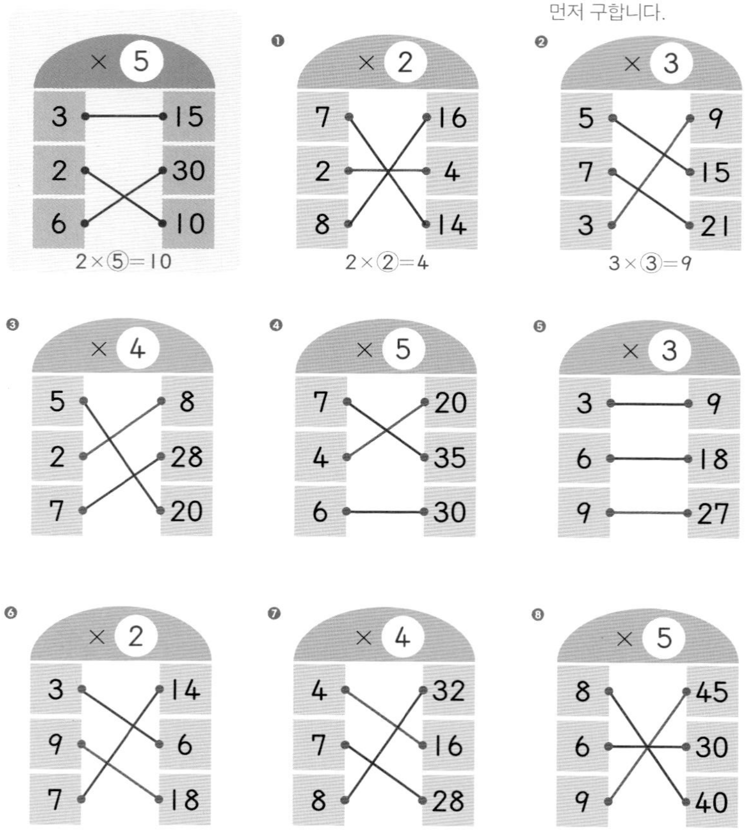

양방 곱셈

◐ 곱하기 하여 ○ 안에 알맞은 수를 써넣으시오.

(예시) 5, 7, 3 → 35, 21
5와 7을 곱해 (35)
7과 3을 곱해 (21)

❶ 2, 9, 4 → 18, 36

❷ 3, 8, 5 → 24, 40

❸ 4, 6, 2 → 24, 12

❹ 3, 5, 4 → 15, 20

❺ 2, 8, 3 → 16, 24

❻ 5, 6, 4 → 30, 24

❼ 4, 3, 7 → 12, 21

❽ 3, 5, 9 → 15, 45

월 일

◐ 빈칸에 알맞은 수를 써넣으시오.

(예시) 2, 8, 4 → 16, 32
2와 8을 곱해 16
8과 4를 곱해 (32)

❶ 3, 7, 5 → 21, 35

❷ 4, 6, 2 → 24, 12

❸ 4, 9, 3 → 36, 27

❹ 5, 8, 3 → 40, 24

❺ 9, 2, 7 → 18, 14

❻ 2, 7, 4 → 14, 28

❼ 6, 4, 8 → 24, 32

❽ 9, 5, 2 → 45, 10

잘 공부했는지 알아봅시다

월 일

1 빈칸에 알맞은 수를 써넣으시오.

❶

×	3	8	9
2	6	16	18

❷

×	6	9	4
5	30	45	20

❸

×	2	7	6
3	6	21	18

❹

×	5	8	3
4	20	32	12

2 3의 단 곱셈구구에서는 곱이 얼마씩 커집니까? 3씩

■의 단 곱셈구구는 ■씩 커지므로 3의 단 곱셈구구는 3씩 커집니다.

3 그림을 보고 빈칸에 알맞은 수를 써넣으시오.

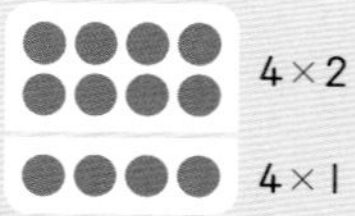

4×2에 4×1을 더하면 12 와 같습니다.

4 그림을 보고 모두 몇 개인지 곱셈식으로 알아보시오.

식 : 4×5=20(개) 답 : 20 개

457 수직선 뛰어 세기

◐ 빈칸에 알맞은 수를 써넣으시오.

(예) 0, 6, 12, 18, 24, 30, 36, 42, 48, 54 (6씩 뛰어 세기)

❶ 0, 7, 14, 21, 28, 35, 42, 49, 56, 63

❷ 0, 8, 16, 24, 32, 40, 48, 56, 64, 72

❸ 0, 9, 18, 27, 36, 45, 54, 63, 72, 81

❹ 0, 6, 12, 18, 24, 30, 36, 42, 48, 54

월 일

◐ 빈칸에 알맞은 수를 써넣으시오.

(예) 24, 30, 36, 42, 48 (6씩 뛰어 세기)

❶ 14, 21, 28, 35, 42

❷ 16, 24, 32, 40, 48

❸ 36, 45, 54, 63, 72

❹ 28, 35, 42, 49, 56

❺ 40, 48, 56, 64, 72

❻ 18, 27, 36, 45, 54

❼ 12, 18, 24, 30, 36

❽ 32, 40, 48, 56, 64

❾ 35, 42, 49, 56, 63

458 미로 통과

◐ 작은 수부터 ● 안의 수만큼 뛰어 세어 9개의 방을 통과하시오.

6
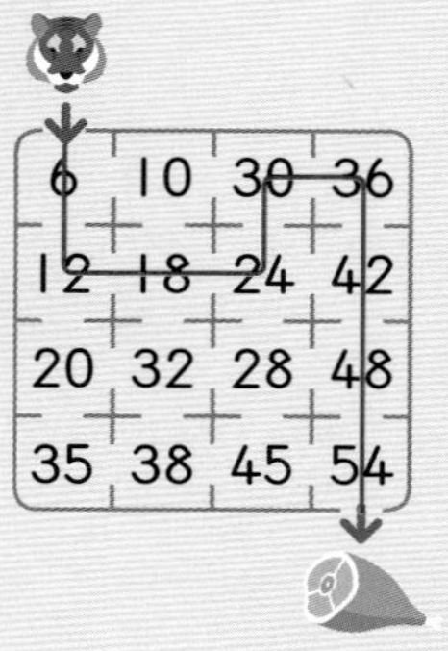

❶ 7
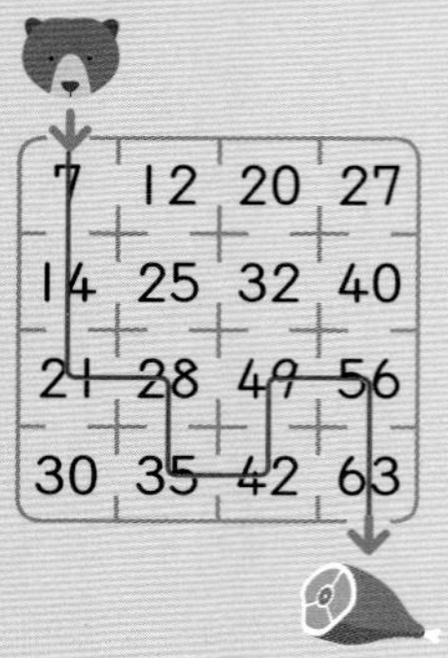

❷ 8
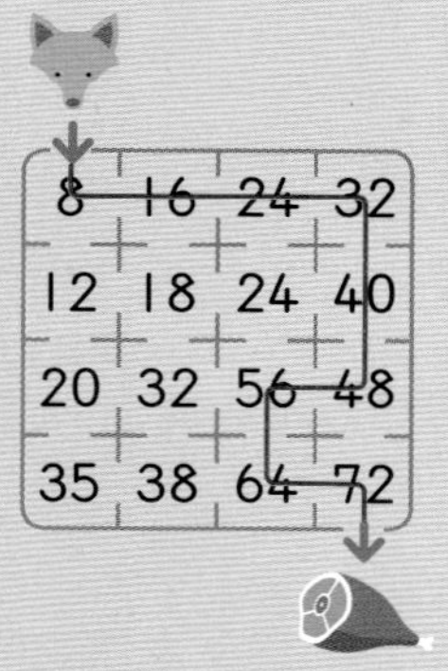

❸ 9
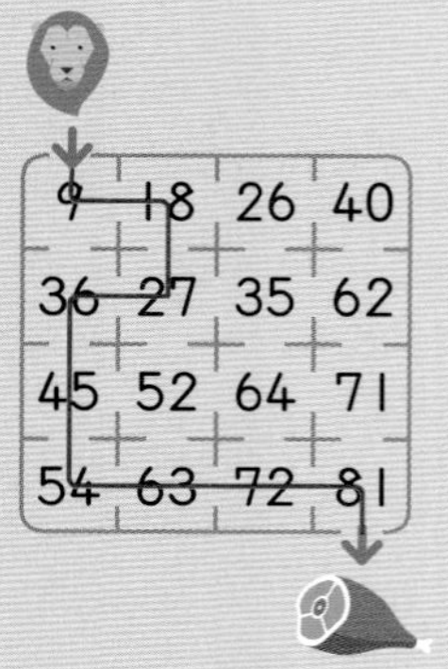

월 일

◐ 큰 수부터 ● 안의 수만큼 뛰어 세어 9개의 방을 통과하시오.

9
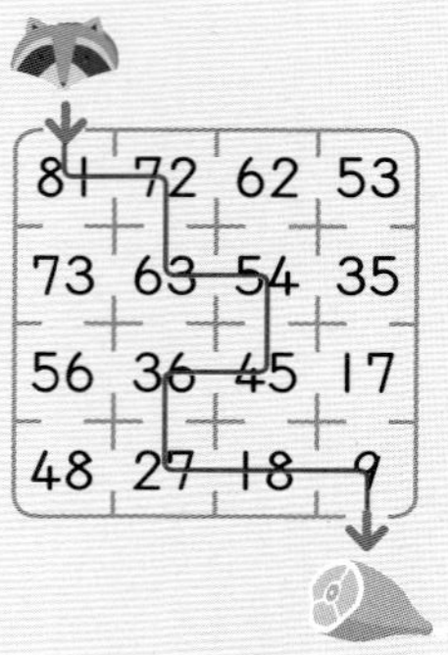

❶ 7
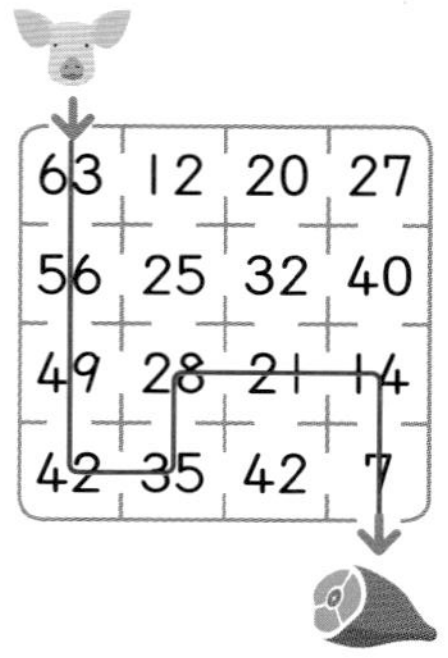

❷ 6
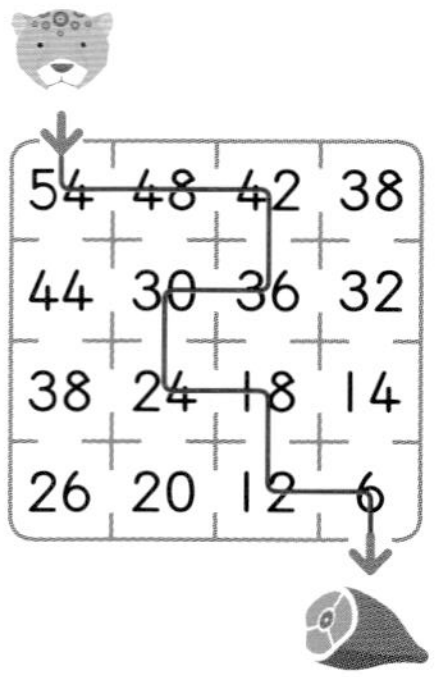

❸ 8
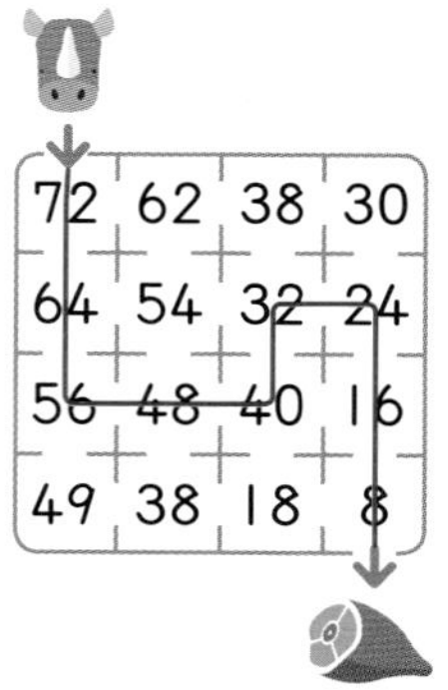

459 구슬 칸 수

● 그림이 나타내는 곱셈식을 두 가지 쓰시오.

2 × 8 = 16
8 × 2 = 16

❶
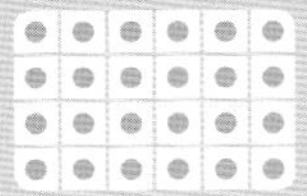

4 × 6 = 24
6 × 4 = 24

❷

3 × 7 = 21
7 × 3 = 21

❸
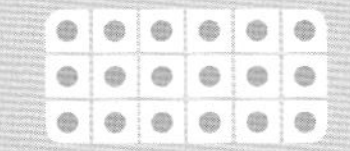

3 × 6 = 18
6 × 3 = 18

❹
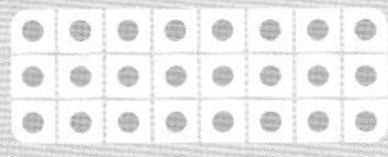

3 × 8 = 24
8 × 3 = 24

❺
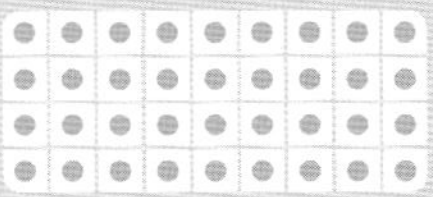

4 × 9 = 36
9 × 4 = 36

❻

2 × 9 = 18
9 × 2 = 18

❼

2 × 7 = 14
7 × 2 = 14

❽
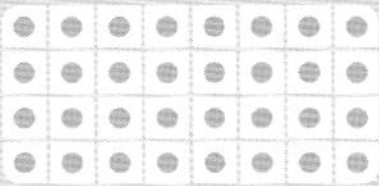

4 × 8 = 32
8 × 4 = 32

월 일

● 그림이 나타내는 곱셈식을 두 가지 쓰시오.

7×6=42
6×7=42

❶
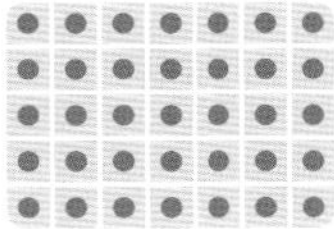

5×7=35
7×5=35

❷
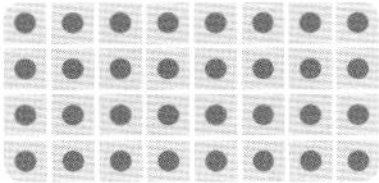

4×8=32
8×4=32

❸
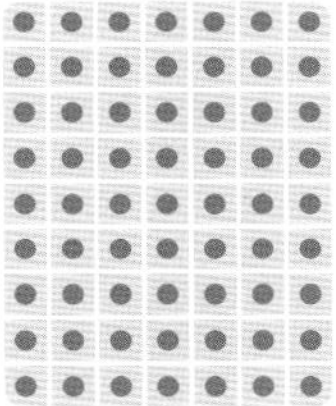

9×7=63
7×9=63

❹
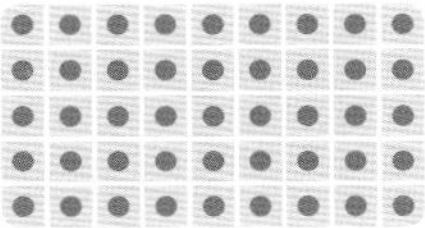

5×9=45
9×5=45

❺
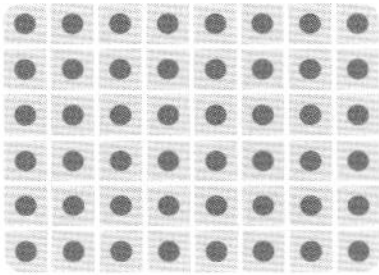

6×8=48
8×6=48

460 덧셈식과 곱셈식

월 일

◐ 그림을 보고 빈칸에 알맞은 수를 써넣으시오.

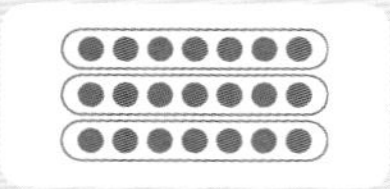

7씩 3묶음은 21 입니다.

7의 3배는 21 입니다.

덧셈식으로 나타내면 7 + 7 + 7 = 21

곱셈식으로 나타내면 7 × 3 = 21

①

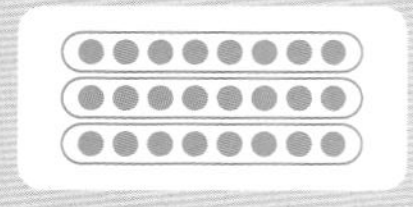

8씩 3묶음은 24 입니다.

8의 3배는 24 입니다.

덧셈식으로 나타내면 8 + 8 + 8 = 24

곱셈식으로 나타내면 8 × 3 = 24

②

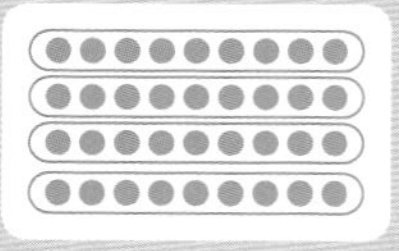

9씩 4묶음은 36 입니다.

9의 4배는 36 입니다.

덧셈식으로 나타내면 9 + 9 + 9 + 9 = 36

곱셈식으로 나타내면 9 × 4 = 36

③

6씩 4묶음은 24 입니다.

6의 4배는 24 입니다.

덧셈식으로 나타내면 6 + 6 + 6 + 6 = 24

곱셈식으로 나타내면 6 × 4 = 24

◐ □ 안에 알맞은 수를 쓰고, 곱셈식은 덧셈식으로, 덧셈식은 곱셈식으로 나타내시오.

$6\times5=30$ / $6+6+6+6+6=30$

① $7+7+7+7+7=35$ / $7\times5=35$

② $8\times3=24$ / $8+8+8=24$

③ $9+9+9+9=36$ / $9\times4=36$

④ $7\times4=28$ / $7+7+7+7=28$

⑤ $6+6+6+6=24$ / $6\times4=24$

⑥ $9\times5=45$ / $9+9+9+9+9=45$

⑦ $8+8+8+8+8=40$ / $8\times5=40$

⑧ $6\times6=36$ / $6+6+6+6+6+6=36$

⑨ $7+7+7=21$ / $7\times3=21$

잘 공부했는지 알아봅시다

월 일

1 모두 몇 개인지 두 가지 곱셈식으로 나타내시오.

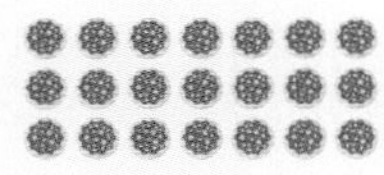

3 × 7 = 21 (개)

7 × 3 = 21 (개)

2 □ 안에 알맞은 수를 써넣으시오.

❶ 6+6+6+6+6+6+6= 42

6× 7 = 42

❷ 8+8+8+8+8= 40

8× 5 = 40

3 수직선을 보고 빈칸에 알맞은 수를 써넣으시오.

❶

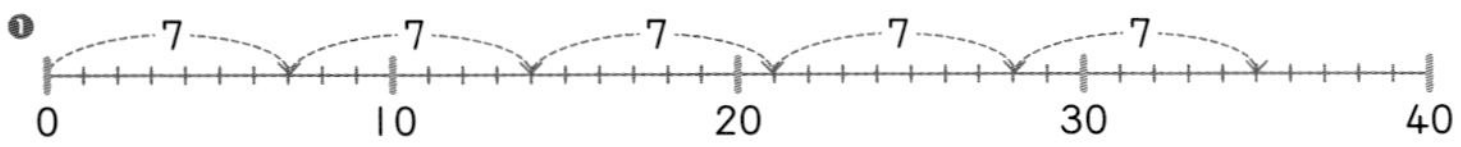

7×5= 35

❷

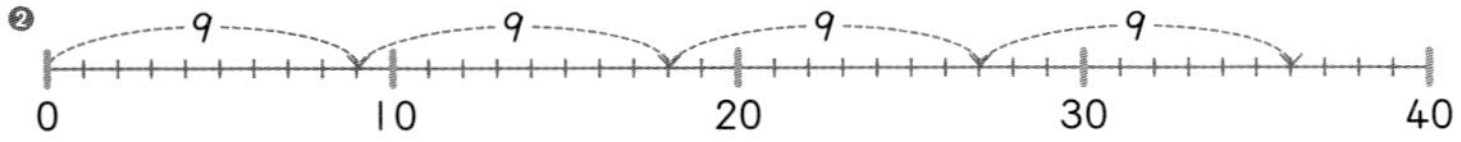

9×4= 36

461 구구단

◐ 빈칸에 알맞은 수를 써넣으시오.

×	1	2	3	4	5	6	7	8	9
6	6	12	18	24	30	36	42	48	54

+6 +6 +6 +6 +6 +6 +6 +6

❶

×	1	2	3	4	5	6	7	8	9
7	7	14	21	28	35	42	49	56	63

+7 +7 +7 +7 +7 +7 +7 +7

❷

×	1	2	3	4	5	6	7	8	9
8	8	16	24	32	40	48	56	64	72

+8 +8 +8 +8 +8 +8 +8 +8

❸

×	1	2	3	4	5	6	7	8	9
9	9	18	27	36	45	54	63	72	81

+9 +9 +9 +9 +9 +9 +9 +9

월 일

◐ 빈칸에 알맞은 수를 써넣으시오.

×	3	8	5	4
6	18	48	30	24

❶

×	2	7	1	6
7	14	49	7	42

❷

×	4	9	3	2
8	32	72	24	16

❸

×	7	5	1	8
9	63	45	9	72

❹

×	8	7	3	9
7	56	49	21	63

❺

×	9	1	8	7
6	54	6	48	42

❻

×	5	3	7	9
9	45	27	63	81

❼

×	2	7	8	9
8	16	56	64	72

❽

×	8	7	1	9
6	48	42	6	54

❾

×	5	4	7	6
8	40	32	56	48

462 자물쇠

◐ 칠해진 두 수의 곱을 빈칸에 써넣으시오.

42

6	2	4
3	7	1
※	7	#

6×7=42
7×6=42

❶ 48

7	2	8
5	4	3
※	6	#

6×8=48
8×6=48

❷ 54

3	7	9
1	5	6
※	2	#

6×9=54
9×6=54

❸ 63

9	3	4
6	7	5
※	8	#

❹ 40

9	3	7
8	5	6
※	4	#

❺ 81

6	7	4
9	8	5
※	9	#

❻ 64

4	6	3
8	2	8
※	5	#

❼ 42

7	6	5
9	8	1
※	7	#

❽ 54

6	4	7
3	1	2
※	9	#

◐ 고리 안의 수가 곱이 되는 두 수를 찾아 색칠하시오.

48

6	3	5
8	2	4
※	7	#

6×8=48
8×6=48

❶ 56

4	6	2
5	8	7
※	3	#

7×8=56
8×7=56

❷ 63

5	6	3
4	9	8
※	7	#

7×9=63
9×7=63

❸ 42

2	4	5
3	6	1
※	7	#

❹ 81

3	1	4
5	9	9
※	2	#

❺ 72

7	4	8
5	9	6
※	3	#

❻ 54

6	9	4
3	8	5
※	7	#

❼ 45

5	9	8
7	6	1
※	4	#

❽ 49

7	2	8
5	4	3
※	7	#

463 하우스

● 곱셈을 하여 빈칸에 알맞은 수를 써넣으시오.

(예시) × 7

4	28
6	42
8	56

4×7=28
6×7=42
8×7=56

❶ × 6

9	54
6	36
7	42

❷ × 8

4	32
7	56
3	24

❸ × 9

8	72
7	63
4	36

❹ × 8

2	16
5	40
9	72

❺ × 9

3	27
9	81
5	45

❻ × 7

9	63
7	49
8	56

❼ × 6

8	48
4	24
7	42

❽ × 7

3	21
2	14
5	35

월 일

● 빈칸에 알맞은 수를 써넣으시오.

(예시) × 8

6	48
7	56
4	32

7×○=56에서
○ 안의 수 8을 구합니다.

❶ × 7

7	49
3	21
8	56

7×○=49에서
○ 안의 수 7을 구합니다.

❷ × 9

6	54
8	72
5	45

8×○=72에서
○ 안의 수 9를 구합니다.

❸ × 6

4	24
6	36
5	30

❹ × 8

1	8
2	16
6	48

❺ × 6

7	42
9	54
2	12

❻ × 7

4	28
2	14
9	63

❼ × 9

2	18
4	36
7	63

❽ × 8

9	72
3	24
8	64

모으기 곱셈

◐ 선으로 연결된 두 수의 곱을 아래 빈칸에 써넣으시오.

- 예: 7 6 8 → 42 48
- ❶ 9 3 6 → 27 18
- ❷ 7 5 8 → 35 40
- ❸ 8 2 6 → 16 12
- ❹ 6 5 9 → 30 45
- ❺ 9 4 7 → 36 28
- ❻ 7 3 8 → 21 24
- ❼ 8 3 6 → 24 18
- ❽ 6 4 8 → 24 32
- ❾ 9 2 8 → 18 16
- ❿ 8 4 9 → 32 36
- ⓫ 7 3 9 → 21 27

월 일

◐ 선으로 연결된 두 수의 곱이 아래의 수가 되도록 빈칸에 안의 수를 써넣으시오.

- 예: 7 6 5 → 42 30 (5 6 7)
- ❶ 2 6 7 → 12 42 (2 6 7)
- ❷ 7 5 8 → 35 40 (5 7 8)
- ❸ 3 7 9 → 21 63 (3 7 9)
- ❹ 8 4 6 → 32 24 (4 6 8)
- ❺ 8 7 6 → 56 42 (6 7 8)
- ❻ 9 6 7 → 54 42 (6 7 9)
- ❼ 9 8 6 → 72 48 (6 8 9)
- ❽ 7 9 8 → 63 72 (7 8 9)

잘 공부했는지 알아봅시다

월 일

1 빈칸에 이어진 두 수의 곱을 써넣으시오.

❶

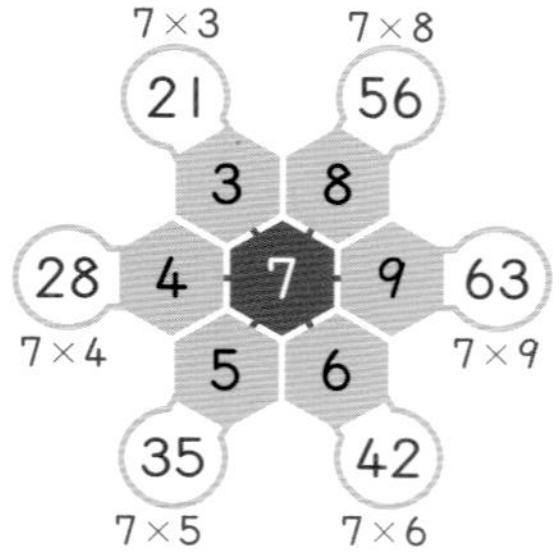

❷

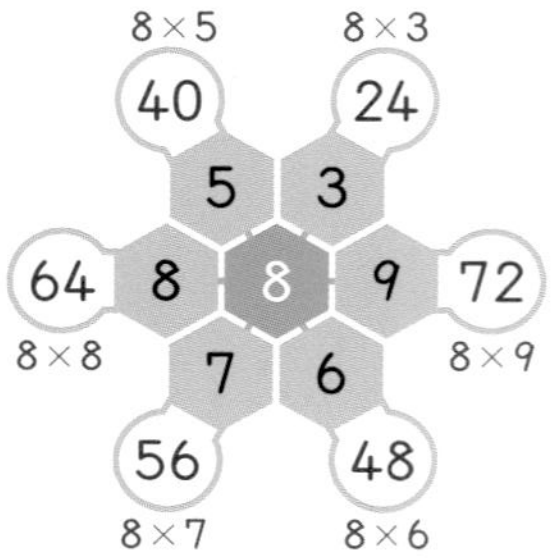

2 빈칸에 알맞은 수를 써넣으시오.

❶ (6씩 뛰어 세기) 0, 6, [12], 18, [24], [30], 36, 42, [48], [54]

❷ (9씩 뛰어 세기) 0, 9, 18, [27], 36, [45], [54], [63], 72, [81]

3 1주일은 7일이고 겨울 방학은 6주입니다. 겨울 방학은 모두 며칠인지 곱셈식으로 알아보시오.

식 : 7×6=42 (6×7=42)　　답 : 42 일

465 아름다운 구구단

월 일

● 0에서 시작하여 각 단의 수만큼 9번 뛰어 선을 이으시오.

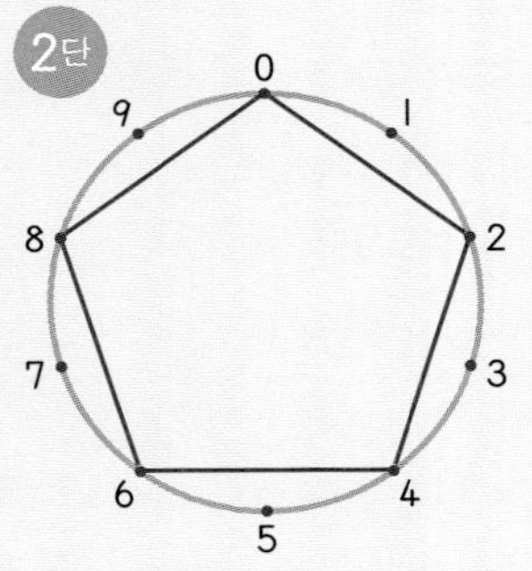

❶ 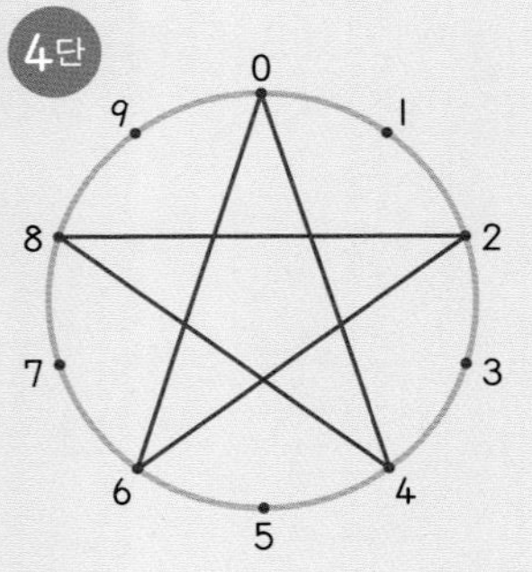

❷ 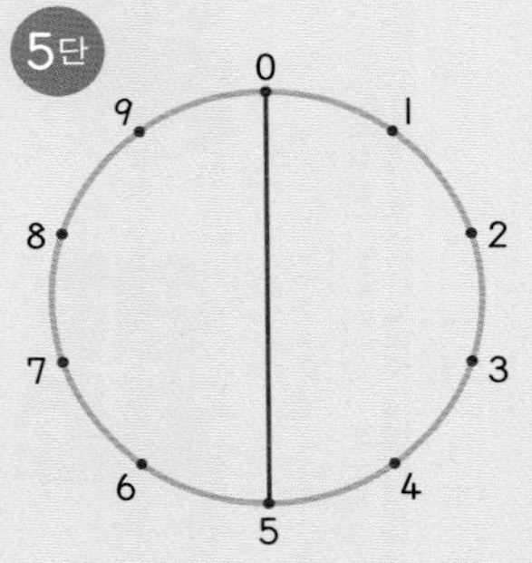

❸ 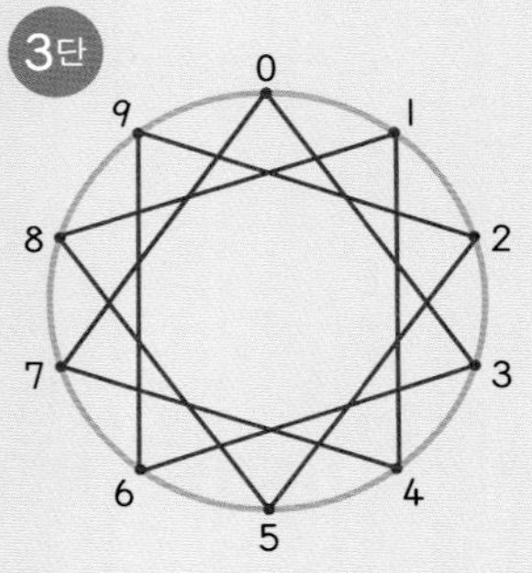

● 0에서 시작하여 각 단의 수만큼 9번 뛰어 선을 이으시오.

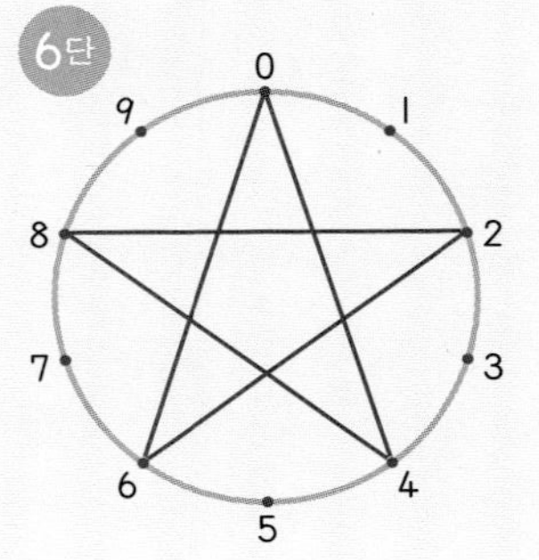

❶ 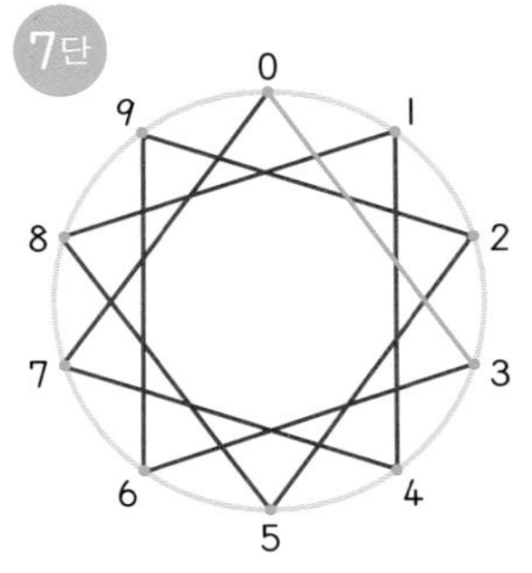

❷ 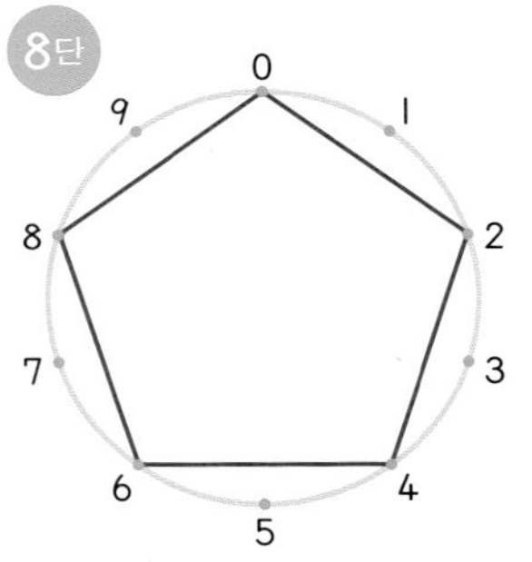

❸ 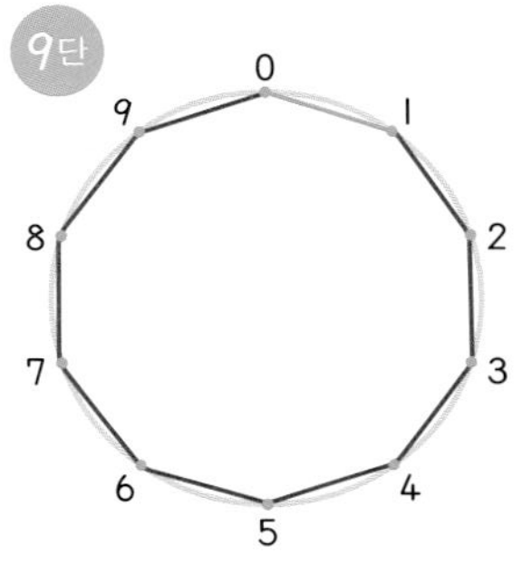

466 숫자 카드 세로 곱셈

월 일

◐ 주어진 숫자 카드를 한 번씩 사용하여 곱셈식을 완성하시오.

예시) 카드: 1, 2, 3, 7 — $3 \times 7 = 21$ (7 × 3 = 21)

❶ 카드: 4, 6, 3, 9 — $4 \times 9 = 36$ (9 × 4 = 36)

❷ 카드: 8, 4, 8, 6 — $8 \times 8 = 64$

❸ 카드: 5, 5, 3, 7 — $5 \times 7 = 35$ (7 × 5 = 35)

❹ 카드: 9, 5, 4, 6 — $6 \times 9 = 54$ (9 × 6 = 54)

❺ 카드: 6, 7, 2, 4 — $6 \times 7 = 42$ (7 × 6 = 42)

❻ 카드: 3, 2, 7, 9 — $3 \times 9 = 27$ (9 × 3 = 27)

❼ 카드: 9, 6, 3, 7 — $7 \times 9 = 63$ (9 × 7 = 63)

◐ 주어진 숫자 카드를 한 번씩 사용하여 세로 곱셈식을 만드시오.

예시) 카드: 3, 5, 0, 6 — $5 \times 6 = 30$ (6 × 5 = 30)

❶ 카드: 8, 2, 7, 9 — $8 \times 9 = 72$ (9 × 8 = 72)

❷ 카드: 2, 1, 8, 6 — $2 \times 8 = 16$ (8 × 2 = 16)

❸ 카드: 4, 8, 2, 7 — $4 \times 7 = 28$ (7 × 4 = 28)

❹ 카드: 4, 5, 5, 9 — $5 \times 9 = 45$ (9 × 5 = 45)

❺ 카드: 5, 6, 7, 8 — $7 \times 8 = 56$ (8 × 7 = 56)

❻ 카드: 1, 2, 9, 8 — $2 \times 9 = 18$ (9 × 2 = 18)

❼ 카드: 8, 2, 7, 9 — $8 \times 9 = 72$ (9 × 8 = 72)

467 곱셈 계단

● 숫자 카드를 두 장씩 곱하여 나온 수를 작은 수부터 차례로 써넣으시오.

(예) 카드: 5, 9, 6, 2
- 10 (2×5)
- 12 (2×6)
- 18 (2×9)
- 30 (5×6)
- 45 (5×9)
- 54 (6×9)

❶ 카드: 3, 4, 7, 8
- 12 (3×4)
- 21 (3×7)
- 24 (3×8)
- 28 (4×7)
- 32 (4×8)
- 56 (7×8)

❷ 카드: 8, 3, 2, 9
- 6
- 16
- 18
- 24
- 27
- 72

❸ 카드: 6, 5, 4, 7
- 20
- 24
- 28
- 30
- 35
- 42

● 숫자 카드를 두 장씩 곱하여 나온 수를 작은 수부터 차례로 써넣으시오

(예) 카드: 6, 7, 4, 8
- 24 (4×6)
- 28 (4×7)
- 32 (4×8)
- 42 (6×7)
- 48 (6×8)
- 56 (7×8)

❶ 카드: 2, 9, 5, 3
- 6 (2×3)
- 10 (2×5)
- 15 (3×5)
- 18 (2×9)
- 27 (3×9)
- 45 (5×9)

❷ 카드: 9, 4, 7, 3
- 12
- 21
- 27
- 28
- 36
- 63

❸ 카드: 5, 6, 8, 2
- 10
- 12
- 16
- 30
- 40
- 48

468 곱셈 가르고 모으기

◐ 선으로 연결된 두 수의 곱을 빈칸에 써넣으시오.

(예) 5×7 = 35, 3×8 = 24
5 7 3 8
21 (7×3)

❶ 2×9 = 18, 4×5 = 20
2 9 4 5
36 (9×4)

❷ 4×3 = 12, 7×6 = 42
4 3 7 6
21 (3×7)

❸ 16 12
2 8 4 3
32

❹ 54 40
6 9 8 5
72

❺ 18 8
3 6 4 2
24

❻ 36 21
9 4 3 7
12

❼ 30 28
6 5 7 4
35

❽ 42 36
7 6 4 9
24

월 일

◐ 빈칸에 알맞은 수를 써넣으시오.

(예) 35 24
5 7 3 8
21

① ⑤×7=35
② 7×③=21
③ 3×⑧=24

❶ 42 10
7 6 2 5
12

① ②×5=10
② ⑥×2=12
③ ⑦×6=42

❷ 24 24
3 8 6 4
48

① 6×④=24
② ⑧×6=48
③ ③×8=24

❸ 20 21
4 5 3 7
15

❹ 18 12
2 9 4 3
36

❺ 24 14
8 3 2 7
6

❻ 18 14
6 3 2 7
6

❼ 45 56
5 9 8 7
72

❽ 36 42
4 9 7 6
63

잘 공부했는지 알아봅시다

월 일

1 곱이 홀수로 커지는 곱셈구구는 몇 단인지 모두 찾아보시오.

1단, 3단, 5단, 7단, 9단

2 곱이 같은 것끼리 선으로 이으시오.

24	4×6	6×9	54
54	9×6	4×3	12
12	6×2	8×3	24

(4×6 — 8×3, 9×6 — 6×9, 6×2 — 4×3)

3 숫자 카드를 두 장씩 곱하여 나온 수를 작은 수부터 차례로 써넣으시오.

3 8
4 2

6 (2×3), 8 (2×4), 12 (3×4), 16 (2×8), 24 (3×8), 32 (4×8)

4 ㉠과 ㉡의 곱을 구하시오. 72

7×㉠=56　　㉡×4=36

㉠=8 ㉡=9, 8×9=72

469 곱셈표

월 일

◐ 가로, 세로로 곱하여 빈칸에 알맞은 수를 써넣으시오.

×	4	6	2
8	32 (8×4)	48 (8×6)	16 (8×2)
9	36 (9×4)	54 (9×6)	18 (9×2)
3	12 (3×4)	18 (3×6)	6 (3×2)

❶

×	7	9	5
3	21	27	15
7	49	63	35
8	56	72	40

❷

×	6	5	3
7	42	35	21
4	24	20	12
2	12	10	6

❸

×	4	6	3
4	16	24	12
8	32	48	24
6	24	36	18

❹

×	8	4	5
5	40	20	25
3	24	12	15
9	72	36	45

❺

×	5	7	6
2	10	14	12
4	20	28	24
8	40	56	48

곱셈표는 세로줄의 수와 가로줄의 수를 곱하여 표를 만든 것입니다.

◐ 곱셈표의 빈칸에 알맞은 수를 써넣으시오.

푸는 순서를 찾는 것이 중요합니다. 먼저 가로줄, 세로줄에 있는 수를 구합니다.

×	9	①5	③8
6	54	30	48
7	63	35	56
②2	18	10	16

① 7×5=35
② 2×9=18
③ 6×8=48

❶

×	①7	4	②5
3	21	12	15
2	14	8	10
③8	56	32	40

① 3×7=21
② 2×5=10
③ 8×7=56

❷

×	4	8	9
3	12	24	27
6	24	48	54
5	20	40	45

❸

×	7	4	2
5	35	20	10
1	7	4	2
8	56	32	16

❹

×	7	9	5
4	28	36	20
2	14	18	10
8	56	72	40

❺

×	2	3	4
7	14	21	28
8	16	24	32
6	12	18	24

470 바람개비 연산

◐ 가로, 세로로 두 수의 곱을 빈칸에 써넣으시오.

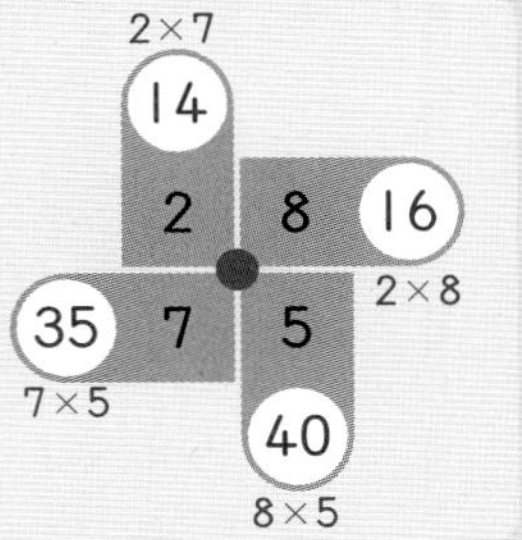

❶

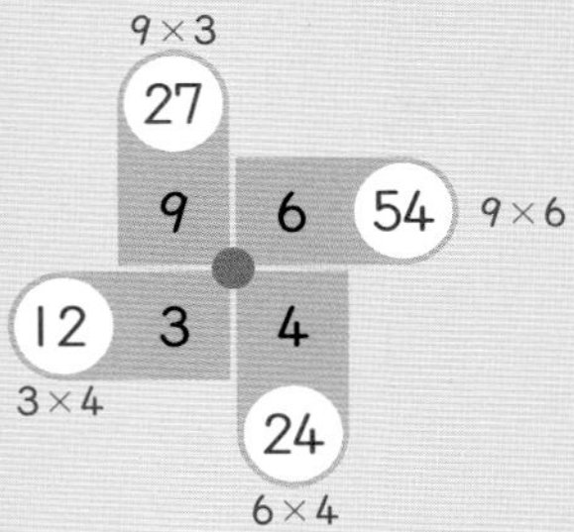

❷

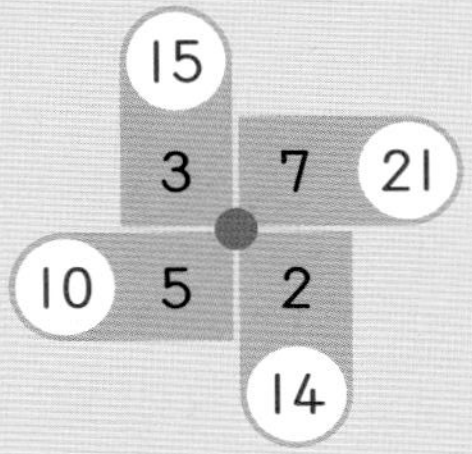

❸

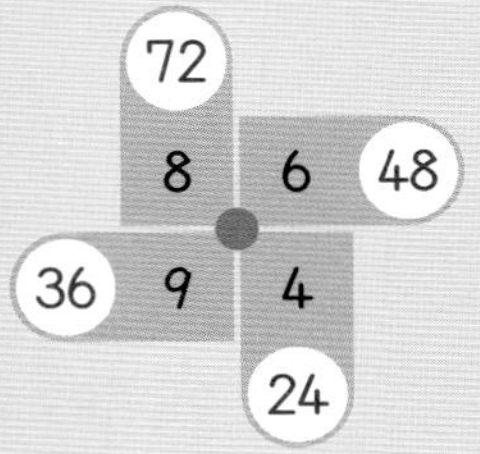

❹

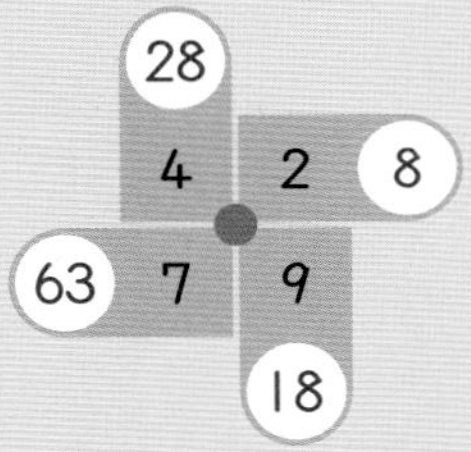

❺

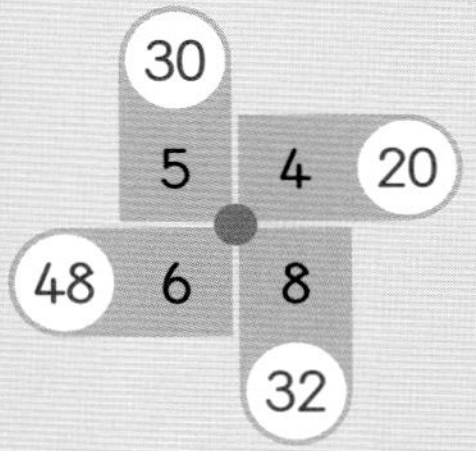

◈ 빈칸에 알맞은 수를 써넣으시오.

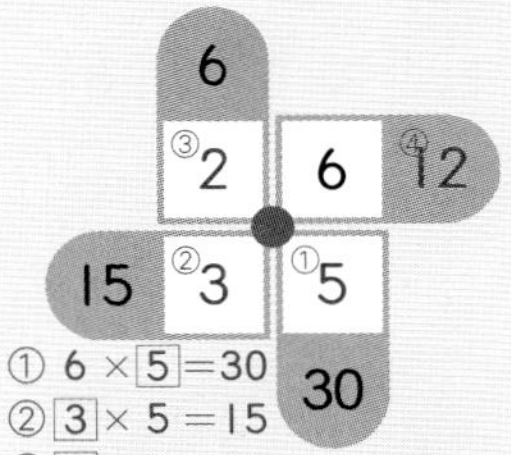

① 6 × [5] = 30
② [3] × 5 = 15
③ [2] × 3 = 6
④ 2 × 6 = [12]

❶

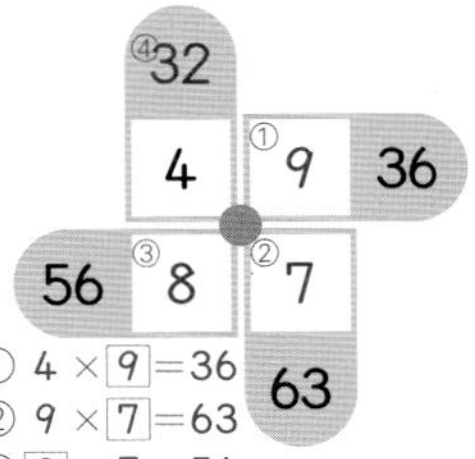

① 4 × [9] = 36
② 9 × [7] = 63
③ [8] × 7 = 56
④ 4 × 8 = [32]

❷

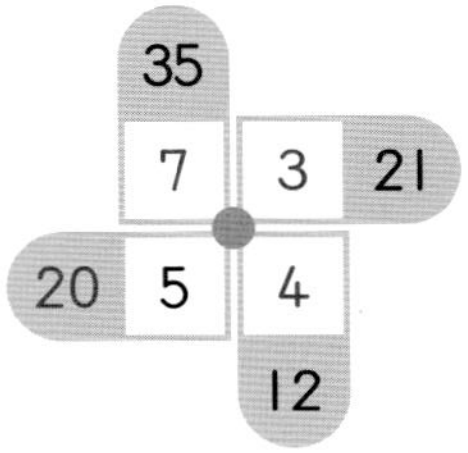

❸

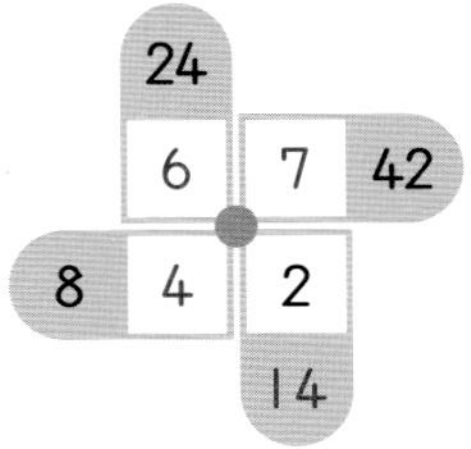

❹

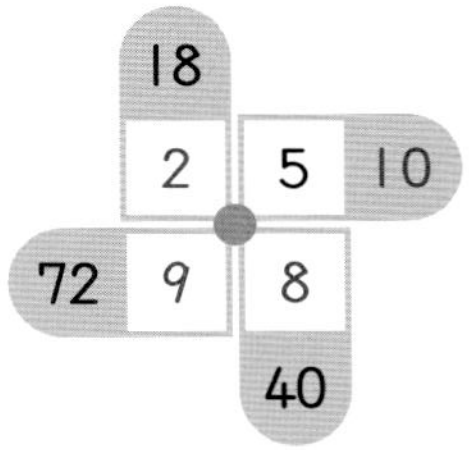

❺

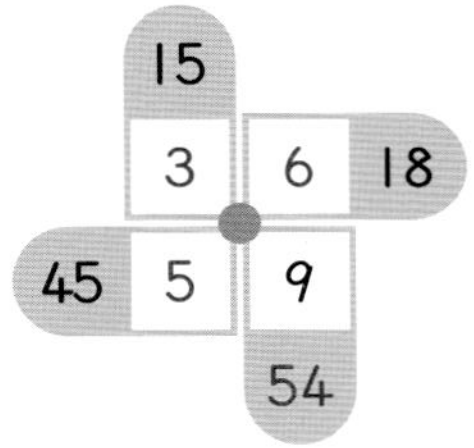

471 매트릭스 곱셈

월 일

◐ 가로, 세로로 두 수씩 곱해 빈칸에 알맞은 수를 써넣으시오.

5		5	25	5×5
	9	8	72	9×8
7	2		14	7×2
35	18	40	×	
5×7	9×2	5×8		

❶

	4	3	12	4×3
6	9		54	6×9
8		7	56	8×7
48	36	21	×	
6×8	4×9	3×7		

❷

	5	1	5
2		7	14
6	3		18
12	15	7	×

❸

8	4		32
	7	5	35
2		9	18
16	28	45	×

❹

8		3	24
	4	2	8
8	6		48
64	24	6	×

❺

	9	2	18
7	8		56
3		5	15
21	72	10	×

◑ 1부터 9까지의 수 중 서로 다른 수를 써넣어 매트릭스를 완성하시오.

6	7		42
2		3	6
	9	5	45
12	63	15	×

곱이 6이 되는 두 수부터 넣어 봅니다.

❶

4		8	32
	9	7	63
6	3		18
24	27	56	×

곱이 27이 되는 두 수부터 넣어 봅니다.

❷

5		2	10
6	8		48
	3	7	21
30	24	14	×

❸

	8	3	24
4	5		20
9		6	54
36	40	18	×

❹

	7	4	28
9		3	27
8	2		16
72	14	12	×

❺

9	2		18
	3	5	15
6		7	42
54	6	35	×

472 벌집셈

◐ 벌집 안 두 수의 곱을 빈칸에 써넣으시오.

(예시)

2×3 5×4 6×7 9×8

6	20	42	72

1 2 5 6 9

3 4 7 8

3	8	35	48

1×3 2×4 5×7 6×8

❶

9×2 8×3 7×4 6×5

18	24	28	30

1 9 8 7 6

2 3 4 5

2	27	32	35

1×2 9×3 8×4 7×5

❷

12	10	56	54

1 3 5 7 9

4 2 8 6

4	6	40	42

❸

18	24	28	30

1 2 3 4 5

9 8 7 6

9	16	21	24

❹

10	24	36	42

1 5 3 9 6

2 8 4 7

2	40	12	63

❺

28	16	15	54

1 4 8 5 6

7 2 3 9

7	8	24	45

월 일

◐ 두 수의 곱에 맞게 1에서 9까지의 수를 하나씩 벌집 안에 써넣으시오.

(예시)

36	24	14	6

5 4 8 2 6

9 3 7 1

45	12	56	2

곱이 2가 되는 두 수부터 넣어 봅니다.

❶

36	2	15	56

6 4 1 5 7

9 2 3 8

54	8	3	40

곱이 2가 되는 두 수부터 넣어 봅니다.

❷

35	18	24	24

1 7 2 8 6

5 9 3 4

5	63	6	32

❸

12	28	9	15

8 2 4 1 5

6 7 9 3

48	14	36	3

❹

16	18	20	9

7 8 6 4 9

2 3 5 1

14	24	30	4

❺

48	63	15	2

4 6 9 3 1

8 7 5 2

32	42	45	6

잘 공부했는지 알아봅시다

월 일

1 2×9와 곱이 같은 곱셈구구를 모두 찾아보시오.

3×6, 6×3, 9×2

2×9=18이므로 곱이 18인 곱셈구구를 찾습니다.

2 빈칸에 알맞은 수를 써넣어 곱셈표를 완성하시오.

×	①2	6	②7	9
3	6	18	21	27
③8	16	48	56	72
5	10	30	35	45
4	8	24	28	36

① 3 × [2] = 6
② 4 × [7] = 28
③ [8] × 6 = 48

3 선으로 연결된 두 수의 곱이 위의 수입니다. 빈칸에 알맞은 수를 써넣으시오.

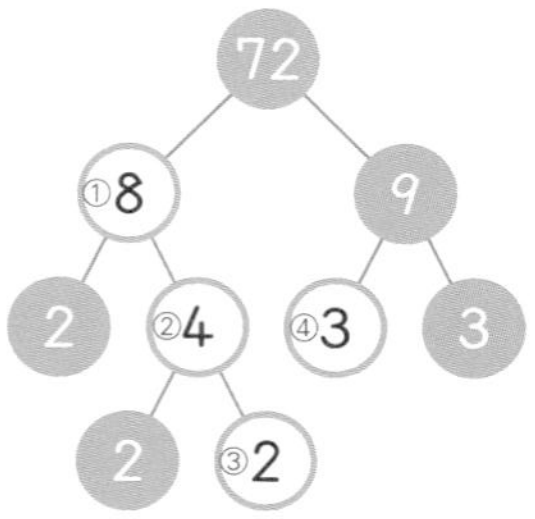

① ⑧×9=72
② 2×④=8
③ 2×②=4
④ ③×3=9

사다리 타기

◐ 사다리 타기를 하여 빈칸에 알맞은 수를 써넣으시오.

7 6 3
×4 ×2
24 28 12
3×2×4 7×4 6×2

❶ 4 5 9
×2 ×8
10 72 64
5×2 9×8 4×2×8

❷ 2 4 9
×4 ×7
16 63 56

❸ 3 6 2
×2 ×5
20 15 12

❹ 8 7 3
×2 ×9
54 72 14

❺ 3 8 4
×3 ×7
24 28 63

◑ 빈칸에 알맞은 수를 써넣으시오.

3 7 9
×2 ×5
14 45 30
7×2 9×5 3×2×5

❶ 5 9 4
×2 ×8
64 40 18
4×2×8 5×8 9×2

❷ 2 4 3
×3 ×9
81 18 12

❸ 2 8 9
×4 ×5
32 45 40

❹ 2 5 9
×2 ×8
10 72 32

❺ 7 5 2
×3 ×6
36 42 15

474 벤 다이어그램

◐ 주어진 수 중 각 단의 곱을 그림에 맞게 써넣으시오.

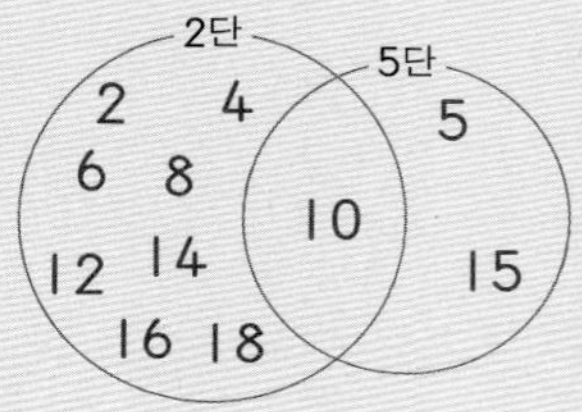

2 4 5 6 8 10
12 14 15 16 18

의 색칠된 곳에 2의 단과 5의 단에 모두 해당되는 곱을 넣습니다.

❶

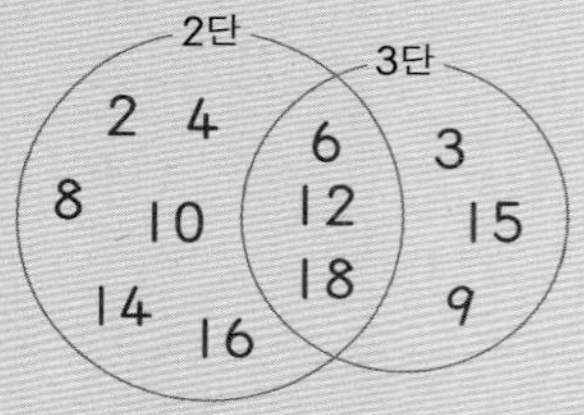

2 3 4 6 8 9
10 12 14 15 16 18

❷

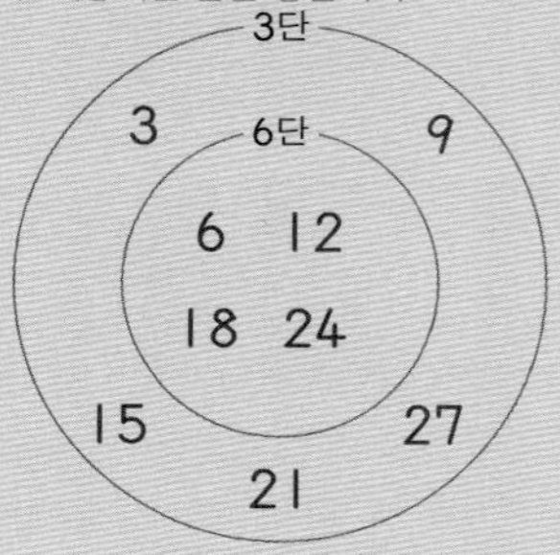

3 6 9 12 15
18 21 24 27

❸

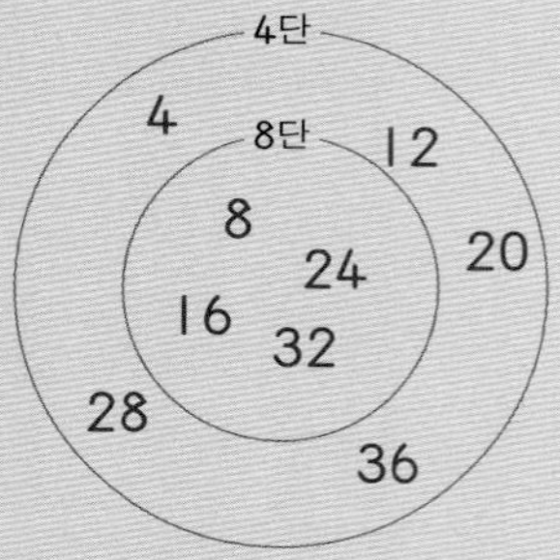

4 8 12 16 20
24 28 32 36

◈ 주어진 수 중 각 단의 곱을 그림에 맞게 써넣으시오.

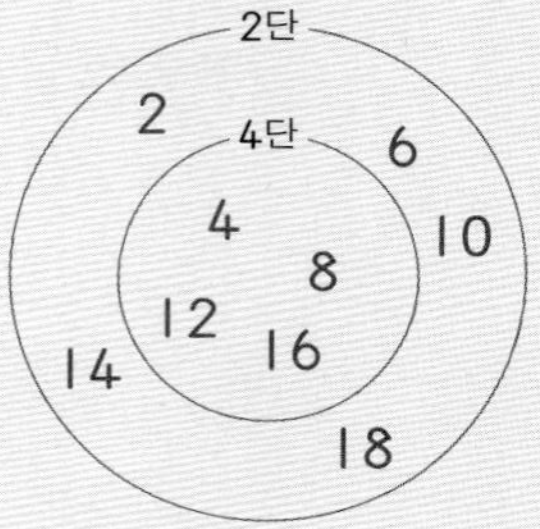

2 4 6 8 10
12 14 16 18

❶

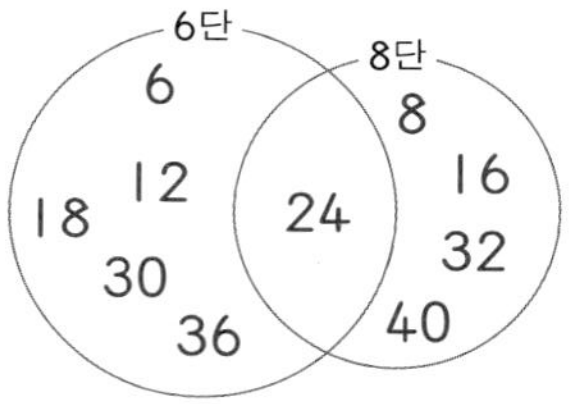

6 8 12 16 18
24 30 32 36 40

❷

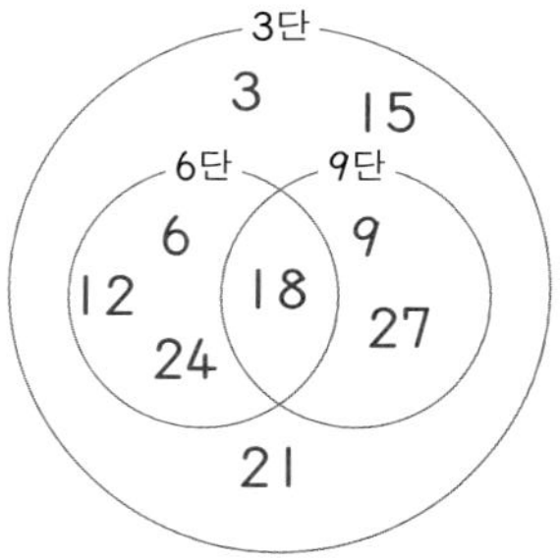

3 6 9 12 15
18 21 24 27

❸

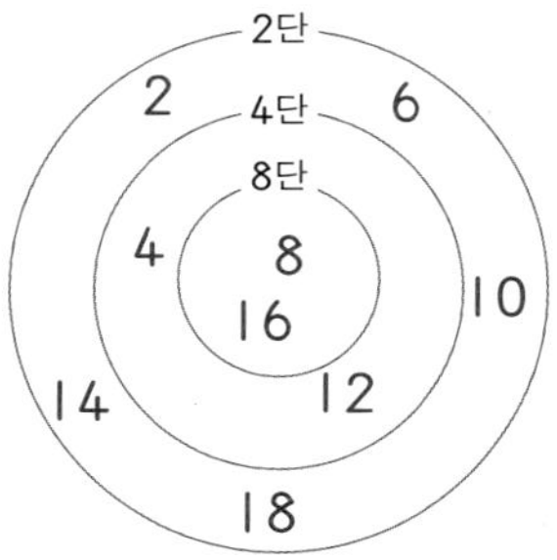

2 4 6 8 10
12 14 16 18

월 일

475 연속 벌레셈

◐ 곱셈식에 맞게 안의 수를 하나씩 써넣으시오.

(예시) $2 \times 7 = 14$, $6 \times 8 = 48$ [2 6 7 8]

❶ $4 \times 9 = 36$, $3 \times 5 = 15$ [3 4 5 9]

❷ $4 \times 6 = 24$, $5 \times 8 = 40$ [4 5 6 8]

❸ $3 \times 7 = 21$, $2 \times 9 = 18$ [2 3 7 9]

❹ $5 \times 7 = 35$, $3 \times 9 = 27$ [3 5 7 9]

❺ $2 \times 6 = 12$, $4 \times 8 = 32$ [2 4 6 8]

◐ 곱셈식에 맞게 2에서 9까지의 수를 하나씩만 써넣으시오.

(예시) $5 \times 6 = 30$, $2 \times 4 = 8$, $3 \times 9 = 27$, $7 \times 8 = 56$

❶ $5 \times 9 = 45$, $4 \times 7 = 28$, $2 \times 8 = 16$, $3 \times 6 = 18$

❷ $3 \times 8 = 24$, $2 \times 6 = 12$, $4 \times 7 = 28$, $5 \times 9 = 45$

❸ $4 \times 8 = 32$, $3 \times 6 = 18$, $7 \times 9 = 63$, $2 \times 5 = 10$

476 모양 개수

● ●의 개수를 구하시오.

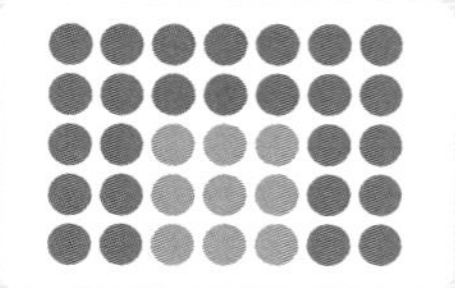

전체 개수 5 × 7 = 35 (개)
●의 개수 3 × 3 = 9 (개)
●의 개수 35 − 9 = 26 (개)

❶

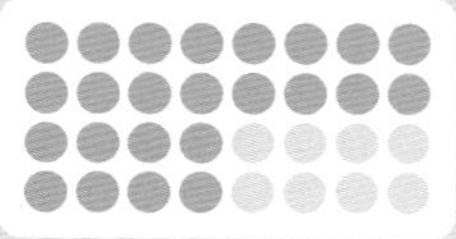

전체 개수 4 × 8 = 32 (개)
의 개수 2 × 4 = 8 (개)
●의 개수 32 − 8 = 24 (개)

❷

전체 개수 6 × 7 = 42 (개)
의 개수 4 × 3 = 12 (개)
●의 개수 42 − 12 = 30 (개)

❸

전체 개수 5 × 8 = 40 (개)
의 개수 4 × 4 = 16 (개)
●의 개수 40 − 16 = 24 (개)

월 일

● 모양의 개수를 구하시오.

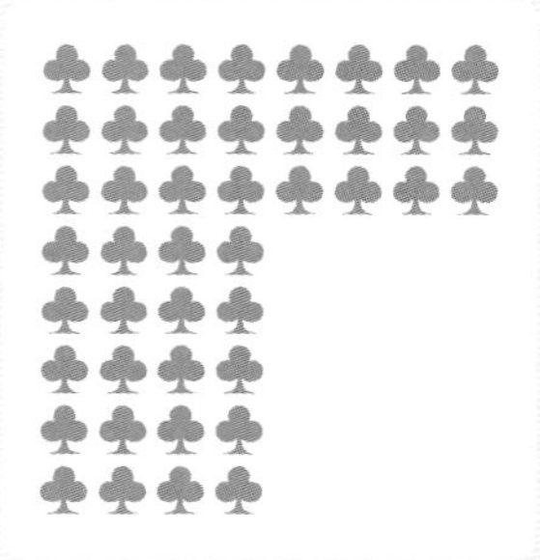

64 − 20 = 44 (개)
8×8 5×4

❶

63 − 15 = 48 (개)
9×7 5×3

❷

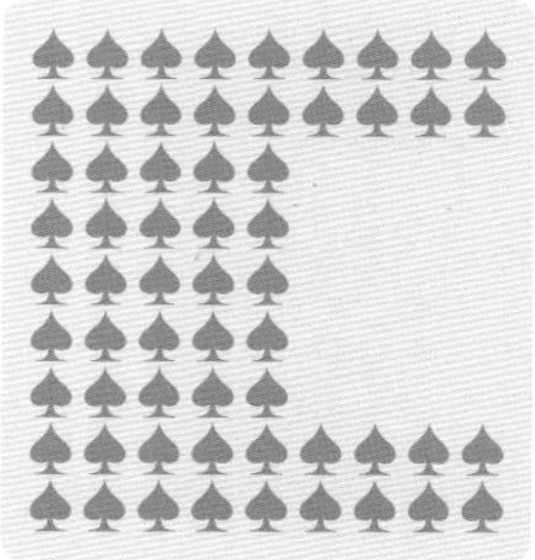

81 − 20 = 61 (개)

❸

72 − 12 = 60 (개)

잘 공부했는지 알아봅시다

월 일

1 몇 개입니까? 40개

6×9=54
2×7=14
54−14=40

2 다음 곱셈식에 맞게 2에서 9까지의 수를 하나씩만 써넣으시오.

6 × 9 =54　　5 × 8 =40

3 × 4 =12　　2 × 7 =14

3 다음 칠해진 곳에 들어갈 수를 모두 쓰시오. 12, 24

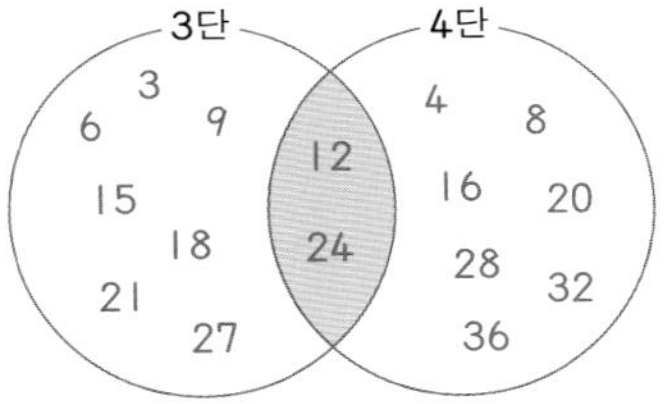

3의 단과 4의 단에 모두 해당되는 곱을 씁니다.

477 두루마리

● 조건에 맞는 수를 찾아 ○표 하시오.

- 6의 단 곱셈구구에 나오는 수입니다.
- 숫자 중의 하나는 2입니다.
- 8의 단 곱셈구구에도 나오는 수입니다.

48, 42, (24), 16

❶
- 2, 3의 단 곱셈구구에 모두 나오는 수입니다.
- 4×4보다 작습니다.
- 4의 단 곱셈구구에도 나오는 수입니다.

16, (12), 18, 24

❷
- 8의 단 곱셈구구에 나오는 수입니다.
- 일의 자리 숫자가 4입니다.
- 5×5보다 큽니다.

16, 40, (64), 24

월 일

● 조건에 맞는 수를 안에 쓰시오.

- 3, 9의 단 곱셈구구에 모두 나오는 수입니다.
- 6×4보다 작습니다.
- 홀수입니다.

9

❶
- 5의 단 곱셈구구에 나오는 수입니다.
- 8×3보다 작습니다.
- 숫자 중의 하나는 2입니다.

20

❷
- 6×6보다 작습니다.
- 같은 두 수를 곱했을 때의 값입니다.
- 짝수인 두 자리 수입니다.

16

478 합곱 두 수

◐ 두 수의 합은 위에, 곱은 아래에 써넣으시오.

- (예) 합: 14 (6+8), 수: 6, 8, 곱: 48 (6×8)
- ❶ 합: 14 (7+7), 수: 7, 7, 곱: 49 (7×7)
- ❷ 합: 14 (5+9), 수: 5, 9, 곱: 45 (5×9)
- ❸ 합: 12, 수: 5, 7, 곱: 35
- ❹ 합: 12, 수: 4, 8, 곱: 32
- ❺ 합: 12, 수: 3, 9, 곱: 27
- ❻ 합: 15, 수: 6, 9, 곱: 54
- ❼ 합: 11, 수: 3, 8, 곱: 24
- ❽ 합: 12, 수: 6, 6, 곱: 36

◑ 합과 곱에 맞게 두 수를 작은 수부터 써넣으시오.

- (예) 합: 10, 수: 3, 7, 곱: 21
- ❶ 합: 13, 수: 4, 9, 곱: 36
- ❷ 합: 11, 수: 2, 9, 곱: 18
- ❸ 합: 8, 수: 2, 6, 곱: 12
- ❹ 합: 10, 수: 4, 6, 곱: 24
- ❺ 합: 10, 수: 1, 9, 곱: 9
- ❻ 합: 11, 수: 5, 6, 곱: 30
- ❼ 합: 8, 수: 4, 4, 곱: 16
- ❽ 합: 15, 수: 6, 9, 곱: 54

479 모양셈

● 같은 모양은 같은 수, 다른 모양은 다른 수입니다. 빈칸을 채우시오.

(예시)
7 × [9] = 63
(5) × 4 = 16+4
[9] × (5) = ◇45

❶
[7] × 8 = 56
9 × (3) = 18+9
[7] × (3) = ◇21

❷
5 × [9] = 45
(8) × 6 = 54−6
[9] × (8) = ◇72

❸
[7] × 4 = 28
8 × (5) = 48−8
[7] × (5) = ◇35

❹
3 × [8] = 21+3
(5) × [8] = 40
(5) × ◇9 = 45

❺
[6] × 7 = 35+7
[6] × (3) = 18
(3) × ◇8 = 24

월 일

● ◆가 나타내는 수를 □ 안에 써넣으시오.

(예시)
6 × ♠(6) = 36
♣(8) × 3 = 21+3
♠(6) × ♣(8) = ◆(48)
◆ = [48]

❶
♠(7) × 7 = 49
8 × ♣(5) = 32+8
♠(7) × ♣(5) = ◆(35)
◆ = [35]

❷
3 × ♠(9) = 27
♣(3) × 8 = 32−8
♠(9) × ♣(3) = ◆(27)
◆ = [27]

❸
♠(5) × 6 = 30
7 × ♣(4) = 35−7
♠(5) × ♣(4) = ◆(20)
◆ = [20]

❹
9 × ♠(9) = 72+9
♣(6) × ♠(9) = 54
♣(6) × ◆(7) = 42
◆ = [7]

❺
♠(7) × 8 = 48+8
♠(7) × ♣(5) = 35
♣(5) × ◆(8) = 40
◆ = [8]

480 연속수

월 일

◐ 1, 2, 3과 같이 연속되어 있는 수를 연속수라 합니다. 연속수의 합을 곱셈을 이용하여 구하시오.

$5+6+7+8+9=7+7+7+7+7=7\times\boxed{5}=35$

❶ $1+2+3=2+2+2=2\times\boxed{3}=\boxed{6}$

❷ $5+6+7=6+6+6=\boxed{6}\times3=\boxed{18}$

❸ $1+2+3+4+5=3+3+3+3+3=3\times\boxed{5}=\boxed{15}$

❹ $2+3+4=\boxed{3}\times\boxed{3}=\boxed{9}$

❺ $7+8+9=\boxed{8}\times\boxed{3}=\boxed{24}$

❻ $2+3+4+5+6=\boxed{4}\times\boxed{5}=\boxed{20}$

연속된 홀수개의 수의 합은 가운데 수를 수의 개수만큼 더하여 구할 수 있습니다. 곱셈식 (가운데 수)×(수의 개수)를 이용하여 구할 수도 있습니다.

◑ 곱셈을 연속수의 합으로 나타내시오.

$21=7\times3=7+7+7=\boxed{6}+\boxed{7}+\boxed{8}$

❶ $12=4\times3=4+4+4=\boxed{3}+\boxed{4}+\boxed{5}$

❷ $24=8\times3=8+8+8=\boxed{7}+\boxed{8}+\boxed{9}$

❸ $30=6\times5=6+6+6+6+6=\boxed{4}+\boxed{5}+\boxed{6}+\boxed{7}+\boxed{8}$

❹ $15=3\times5=3+3+3+3+3=\boxed{1}+\boxed{2}+\boxed{3}+\boxed{4}+\boxed{5}$

❺ $18=6\times3=\boxed{5}+\boxed{6}+\boxed{7}$

❻ $9=3\times3=\boxed{2}+\boxed{3}+\boxed{4}$

잘 공부했는지 알아봅시다

월 일

1 다음은 어떤 수인지 구하시오. 21

나는 어떤 수일까요?
- 3의 단 곱셈구구에 나오는 수입니다.
- 2×5와 5×2를 더한 값보다 큽니다.
- 6×4보다 작습니다.

2 숫자 카드 두 장이 있습니다. 카드에 적힌 두 수의 합은 13, 두 수의 곱은 36입니다. 카드에 적힌 두 수를 구하시오. 4, 9

두 수의 곱이 36인 곱셈식은 6×6=36, 4×9=36입니다. 이 중 두 수의 합이 13인 경우는 4×9입니다.

3 달력의 일부입니다. 칠해진 수를 모두 더하면 얼마입니까? 곱셈식으로 나타내시오.

일	월	화	수	목	금	토
					1	2
3	4	5	6	7	8	9
10	11	12	13	14	15	16

식 : 6×7=42 답 : 42

(가운데 수)×(수의 개수)
=6×7=42

수학 개념이 쉽고 빠르게 소화되는
월등한 개념 수학
월등한 개념 수학 중등수학 1-1
월등한 개념 수학 중등수학 2-1
월등한 개념 수학 중등수학 3-1
계통으로 수학이 쉬워지는 새로운 개념기본서
Eugene Lee
월등한 개념 수학 모델
이유진
www.nebooks.co.kr